L'usine à rêves

Alessi depuis 1921

KÖNEMANN

Sommaire

Coordination générale
Renato Sartori et Patrizia Scarzella

Editor
Stefano Zuffi

Nos collaborateurs
Gloria Barcellini, Ausilia Fortis,
Studio Quadrifoglio

Traduction
Silvia Bonucci et Claude Sophie Mazeas pour *Scriptum,* Rome

Photo en couverture
Matteo Tresoldi

Couverture
Massimo Caiazzo/Atelier Mendini

Nous remercions
Centro Studi Alessi,
Atelier Mendini,
Studio Franco Sargiani

www.alessi.it

© 1998 pour la présente édition
Könemann Verlagsgesellschaft mbH
Bonner Str. 126 · D-50968 Köln
Impression et reliure : Sing Cheong Printing Co., Ltd.
Imprimé en Chine (Hong Kong)
ISBN 3-8290-1375-2
10 9 8 7 5 4 3 2 1

Introduction

● La famille Alessi est originaire du lac d'Orta. Nous provenons de Luzzogno, le plus ancien village de la Valle Strona. Les premières traces d'un membre de notre famille remontent à Giovanni Alessi, qui épousa en 1633 à Luzzogno une certaine Caterina Gozano. Je ne sais rien de plus de lui et je sais également fort peu des membres des huit générations qui nous séparent. Je suis toutefois convaincu que mes ancêtres faisaient partie des nombreux hommes de la vallée qui, à partir du XVIIIème siècle, sont allés jusqu'en Allemagne apprendre le métier d'étameur. Certains y sont restés et y ont fait fortune, d'autres sont rentrés chez eux et ont fondé les premiers ateliers artisanaux. C'est ainsi qu'est née l'histoire des articles ménagers en métal d'Omegna (et de son faubourg Crusinallo) qui est aujourd'hui l'un des centres européens les plus dynamiques du secteur.

▲ Six membres de la famille Alessi, tous avec l'un des plus célèbres "objets mystérieux", *Juicy Salif*, le presse-citron de Philippe Starck. Au centre, assis, se trouve Carlo et derrière lui, son frère Ettore, son fils Michele et son neveu Stefano ; assis à sa gauche, son fils Alessio, tandis que je suis au premier plan.

▲ Le miroir bleuté du lac d'Orta vu des hauteurs de la Valle Strona. À droite, la silhouette d'*Anna G.* – le personnage créé par Alessandro Mendini pour le tire-bouchon – qui veille sur l'usine de Crusinallo.

▲ Dans la Valle Strona, entre les pentes du mont Rose et le lac, les traditions résistent avec ténacité : un nouveau musée, le Forum d'Omegna, rassemble les touchants témoignages de siècles de travail et de poésie.

Le premier industriel d'objets ménagers en métal de la région de Cusio fut Baldassarre Cane qui, vers le milieu du XIXème siècle, eut le courage de quitter Chesio (autre petit village de la Valle Strona) et de descendre sur les rives du lac pour y fonder la première manufacture – aujourd'hui fermée – destinée, au tournant du siècle, à devenir une importante industrie. Son exemple fut suivi par des dizaines d'artisans-entrepreneurs, souvent formés dans la manufacture de Cane. Durant un siècle et demi, d'autres matériaux ont remplacé l'étain : le laiton, le maillechort, l'aluminium et enfin l'acier inoxydable, dont le cycle de développement est encore en cours ; mais ni la typologie, ni la nature des produits n'ont changé et ma ville est encore aujourd'hui caractérisée par cette monoculture industrielle très spécialisée. Sur les rives du lac San Giulio, parmi les églises romanes et les chapelles baroques, les usines d'objets ménagers sont devenues un point de repère bien précis qui donne à la région une connotation socio-culturelle particulière. Mon grand-père Giovanni Alessi était lui aussi un de ces artisans-entrepreneurs. Cet ouvrage vise à raconter comment cette tradition ancienne, dure, traditionaliste voire même un peu étouffante, a pu donner naissance à une aventure entrepreneuriale fortement novatrice, ouverte à des expériences et à des activités paradoxales puisant leurs racines dans une dimension poétique. Comment Alessi, "Atelier pour le travail des plaques en laiton et maillechort, avec fonderie" (tel était le texte de l'enseigne de notre stand lors des premiers salons de Milan durant les années 1920) a pu devenir l'une des "manufactures du design italien". Comme nous le verrons ici, le passage de l'atelier métallurgique au laboratoire de recherche dans le domaine des arts appliqués a été progressif et s'est étalé sur plusieurs décennies. Il s'est agi en tout cas d'une belle période de transition qui pourrait être envisagée comme un modèle d'évolution pour de nombreux types d'industries de notre société de consommation. C'est aussi pour cela qu'il peut être utile de lire notre histoire.

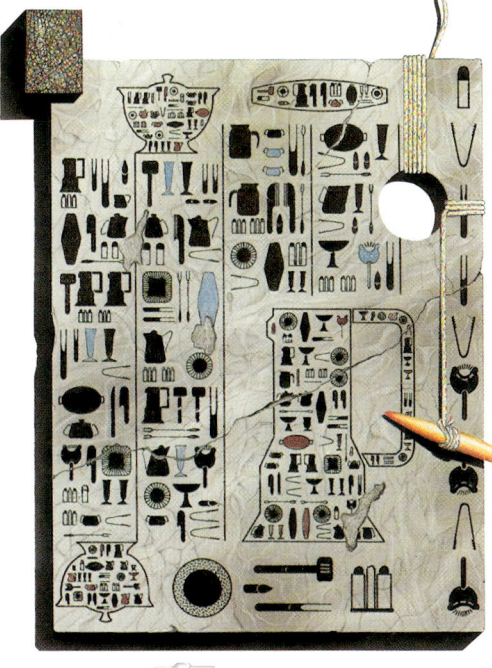

▲ *La Table d'Omegna en caractères Végéto-graphiques*, dessinée par Luigi Serafini en 1985 reproduit, de façon ironique et pseudo-archéologique, les "contenus" d'Alessi et de son histoire.

8

Les années 20 et 30

FAO, Frères Alessi Omegna, les lettres du premier logo, s'entrelaçaient suivant des courbes vaguement art déco.

▼ Giovanni Alessi débuta comme habile fabricant de pommeaux en laiton.

● Grand-père Giovanni était un habile tourneur sur métaux. En 1921, il acheta un terrain à Omegna et fonda Alessi, il créa artisanalement des objets pour la table et pour la maison, d'abord en cuivre, laiton, maillechort, puis en métaux nickelés, chromés ou argentés. Mon grand-père était obsédé par le travail bien fait : sa production fut aussitôt célèbre pour le soin apporté à l'exécution et aux finitions.

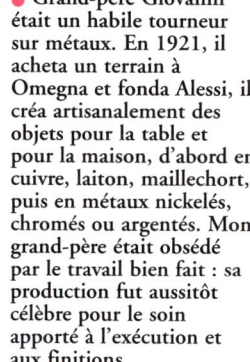

▲ Fin gourmet, grand-père tirait de longs repas son inspiration pour de nouveaux objets : ici nous le voyons avec "Cichin" Lagostina.

▶ Cette gravure de la vieille fabrique de Crusinallo dans un paysage idyllique de forêts préalpines possède un arrière-goût d'archéologie industrielle.

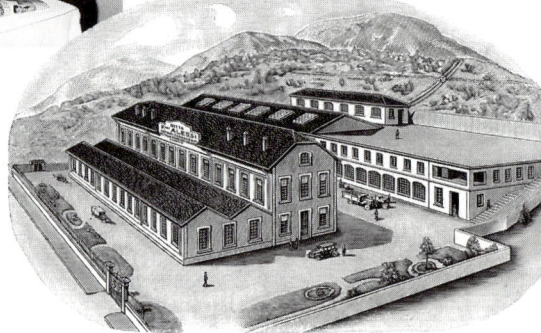

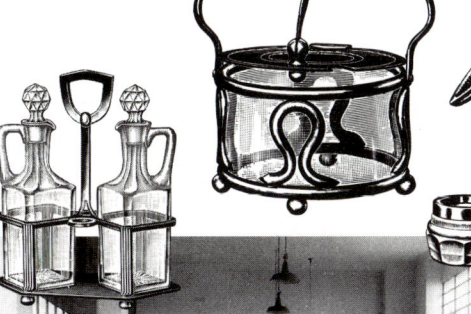

◀ La première production d'Alessi s'inspirait des canons des plus prestigieuses firmes d'objets ménagers du début du siècle, et plus particulièrement des fabricants autrichiens et anglais. Les matériaux employés (laiton et maillechort) étaient ceux utilisés habituellement dans les années 20.

▲ Aux origines de la firme Alessi : la section nettoyage. La production est exécutée sur commande, à la demande expresse des clients, suivant une logique commerciale encore artisanale.

▶ Un objet intéressant – aujourd'hui disparu – propre à la table italienne de l'entre-deux-guerres : le *Porte-pichet* (1925).

▲ Les gravures qui illustrent les premiers catalogues nous permettent de savourer le goût bourgeois de l'époque.

▼ Les services pour deux (théière, cafetière, sucrier et pot à lait sur plateau) sont le point fort de notre production.

A L E S S I

▶ Outre les petits objets
ménagers, la firme Fratelli
Alessi Omegna produit, à
partir de 1924, des cafetières
et plateaux, tandis que
manquent encore casseroles
et couverts qui nécessitent
des matériaux et des procédés
techniques plus complexes.

▲ Les illustrations de ces
pages présentent quelques-
uns des objets publiés sur les
catalogues Alessi les plus
anciens, redessinés à
l'aérographe en 1979 par
Tiger Tateishi.

▶ La qualité des objets ménagers de Giovanni Alessi évolue rapidement grâce à des innovations techniques telles que le chromage par galvanisation, le nickelage et l'argenture. Les objets obéissent aux critères du bon sens quotidien, auxquels vient s'ajouter une décoration sobre et traditionnelle.

◀ Comme le rappelle Alessandro Mendini dans le livre *Paesaggio casalingo* (1979) l'évolution de l'entreprise jusqu'aux années 30 répond à une accumulation analytique de typologies. Les catalogues (le premier est de 1925) marquent le départ d'une activité autonome et présentent un ensemble d'articles d'artisanat pour le café et le thé, la table, le bar et la cuisine correspondant à une manière de manger très formelle et datée. Des objets comme ceux-ci offrent un intérêt plus sociologique qu'esthétique, car ils font maintenant partie de la mémoire collective et du passé de tant d'Italiens.

A L E S S I

Carlo Alessi

◀ Le logo à l'aigle ALessi
FRatelli naît en 1947 et
remplace le vieil acronyme
FAO : il sera utilisé jusqu'en
1967, année où il cède la
place à la marque de fabrique
Ceselleria Alessi.

◀ Présence
incontournable dans le
trousseau de toute
"famille comme il faut" : le
*Service à thé et à café
octogonal* (1935).

● Le design, dans son acception actuelle, fait son apparition avec mon père Carlo. Après une formation de dessinateur industriel à Novara, il est entré tout jeune à l'usine où il s'est d'emblée occupé de la conception. On lui doit la plupart des objets entrés au catalogue entre 1935 et 1945, année de la présentation de son dernier projet : les services à thé et à café de la série *Bombé*, un archétype des débuts du design italien. Dans les années 50, il a remplacé grand-père au poste de directeur général et a abandonné définitivement (je n'ai jamais compris pourquoi) la conception.

▲ Dans les années 50, mon père (qui se promène ici avec Leo Oggioni, notre premier agent pour l'Italie) a transformé la maison Alessi en une véritable industrie, ouvrant la firme à l'exportation dans plus de soixante pays.

Durant la guerre, du fait de la stagnation du marché des articles ménagers et du manque de matières premières, Alessi produit des pièces pour les moteurs des avions Savoia Marchetti. À la fin du conflit, pour faire face à la demande de louches en laiton de la part de l'armée américaine, mon père n'hésite pas : il se lance dans la production en série. Comme il l'avait pressenti, l'inox va bientôt combler le vide laissé par les métaux chromés et les alliages argentés.

◀ Deux prototypes de 1949 vus d'en haut : l'*Huilier* et la *Fromagère*, premières applications d'un nouvel alliage destiné au plus grand succès, l'acier inoxydable.

ALESSI

Les années 50 et 60

▼Dans le sillage des décennies précédentes, Ettore Alessi poursuit la série hôtelière : la forme des poignées et des becs verseurs est plus allongée et volontaire, reflétant ainsi la personnalité de ces objets, pratiques mais nullement anonymes.

●À partir de 1945, mon père fut assisté par l'oncle Ettore, de onze ans son cadet. Aujourd'hui encore, bien que ne faisant plus partie de l'organigramme officiel de l'entreprise, il demeure un spécialiste de l'estampage des métaux à froid : je l'ai surnommé notre "grand directeur technique". En 1955, il a entamé une collaboration avec des designers externes, donnant naissance, en compagnie des architectes Carlo Mazzeri, Luigi Massoni et Anselmo Vitale, à différentes séries d'objets plus spécialement destinés à l'hôtellerie. Nombre de ces objets figurent encore aujourd'hui au catalogue.

▲ Le *Porte-fruits* en fil d'acier inoxydable (1952) symbolise parfaitement notre production des années 50.

▲ Le service pour collectivités conçu autour de la cafetière *101*, produite à partir de 1956, compte 28 pièces différentes et demeure le service le plus professionnel et le plus répandu de l'histoire de la maison.

▲ L'introduction de l'inox dans le cycle de production comporte une série de nouveautés structurelles et techniques dans l'entreprise.

▼ Avec Ettore Alessi l'identité conceptuelle du bureau technique interne se renforce, donnant naissance à des produits qui connaîtront un grand succès, tels que les *Corbeilles* et les *Porte-fruits* en fil d'acier inoxydable. C'est sous sa direction que la maison affrontera le changement radical des matériaux employés : laiton et maillechort cèderont le pas à l'acier inoxydable, déjà expérimenté par Carlo Alessi à la fin des années 30.

A L E S S I

▲ La logique du projet entraîne une confrontation entre la liberté idéale de l'architecte et les exigences concrètes de l'industrie. Inévitablement, quelques-unes des propositions ne seront pas réalisées, telle que cette *Saucière* dessinée par Joe Colombo et Ambrogio Pozzi.

▼ Les objets de Massoni et Mazzeri font partie du *Programme 4*, une révolution culturelle qui a introduit le concept "d'auteur", de "projet" et de "design" dans l'horizon des articles ménagers.

Les créations d'Alessi défient le temps pas uniquement parce qu'elles sont en acier.

Regardez, par exemple, les objets de cette page: la corbeille fil, les pinces, la sucrière, le plat de service. Et ce ne sont là que quelques uns des nom-

breux objets proposé par Alessi pour servir à table d'une façon plus belle, plus élégante. Ou pour faire un cadeau plus important dont on se souvienne. Même si les objets Alessi

sont si purs, que c'est presque un péché de les donner en cadeau.

ALESSI

POUR RECEVOIR UNE DOCUMENTATION COMPLÈTE, VEUILLEZ ÉCRIRE A ALESSI/S.M. LAGOSTINA 2 1 DES MARDELLES - 62, RUE BLAISE PASCAL - 93600 AULNAY-SOUS-BOIS — TEL. (1) 866 04 20

▶ En 1957, lors du débat sur le développement des arts appliqués et le design industriel, le *Shaker*, le *Seau à glace* et les *Pinces à glace* du *Programme 4* sont exposés à la XIème Triennale de Milan. Pour la première fois, des objets Alessi sont présentés dans une expo sur la production industrielle "d'auteur".

ALESSI

▼ Dans cette publicité
"d'avant '68", la Tour Eiffel
représente un symbole un peu
naïf mais explicite : classe et
internationalité. Sur la table
d'une terrasse à la mode,
brillent les aciers Alessi, dans
un dialogue peut-être
involontaire mais efficace avec
le symbole le plus grandiose
de l'utilisation moderne du
métal.

Les années 70

● Ma carrière officielle dans la maison Alessi a commencé en juillet 1970, au lendemain de mes études de droit. Papa m'autorisa à m'occuper des nouveaux projets et je débutai de manière fracassante. Avec une vision fortement utopiste de "l'art multiplié", je mis au point une sorte de manifeste théorico-culturel en faveur d'une nouvelle civilisation commerciale susceptible d'offrir à la masse des consommateurs de véritables objets d'art à des prix abordables.

▲ Les auteurs recrutés pour les "multiples d'art" furent les sculpteurs italiens Giò Pomodoro, Carmelo Cappello, Pietro Consagra et Andrea Cascella ainsi que le Yougoslave Dušan Džamonja. L'opération fut une sorte de folie qui immobilisa pendant presque trois ans notre atelier de mécanique. Face au prototype de Salvador Dalí, mon père décida que le moment était venu de mettre un terme à cette aventure : mais j'avais déjà acheté les 50.000 hameçons en acier nécessaires à la reproduction des 1000 premiers multiples...

Franco Sargiani et Eija Helander sont les premiers créateurs que j'ai fait entrer chez Alessi. Il a fallu cinq ans pour mener à bien le *Programme 8*, ceci à cause de la complexité intrinsèque du projet et du radicalisme de Franco. L'idée de base: le caractère totalement modulaire des objets, présentant des formes à base carrée ou rectangulaire, très difficiles à réaliser en acier. Véritable nouveauté internationale dans le domaine des articles ménagers des années 70, ce projet fit l'objet d'une imposante campagne publicitaire.

Je considère la maison de mon frère Michele à Suna (1981) comme l'un des meilleurs projets réalisés par Franco pour notre famille.

▼ La collaboration avec Sargiani et Helander comprenait également la présentation graphique et la conception des stands et d'une partie des bureaux de Crusinallo. Ce fut un travail énorme, et l'on a tenté de rationaliser d'importants aspects de la vie de l'entreprise. Le nouveau logotype Alessi commença à être utilisé en 1971.

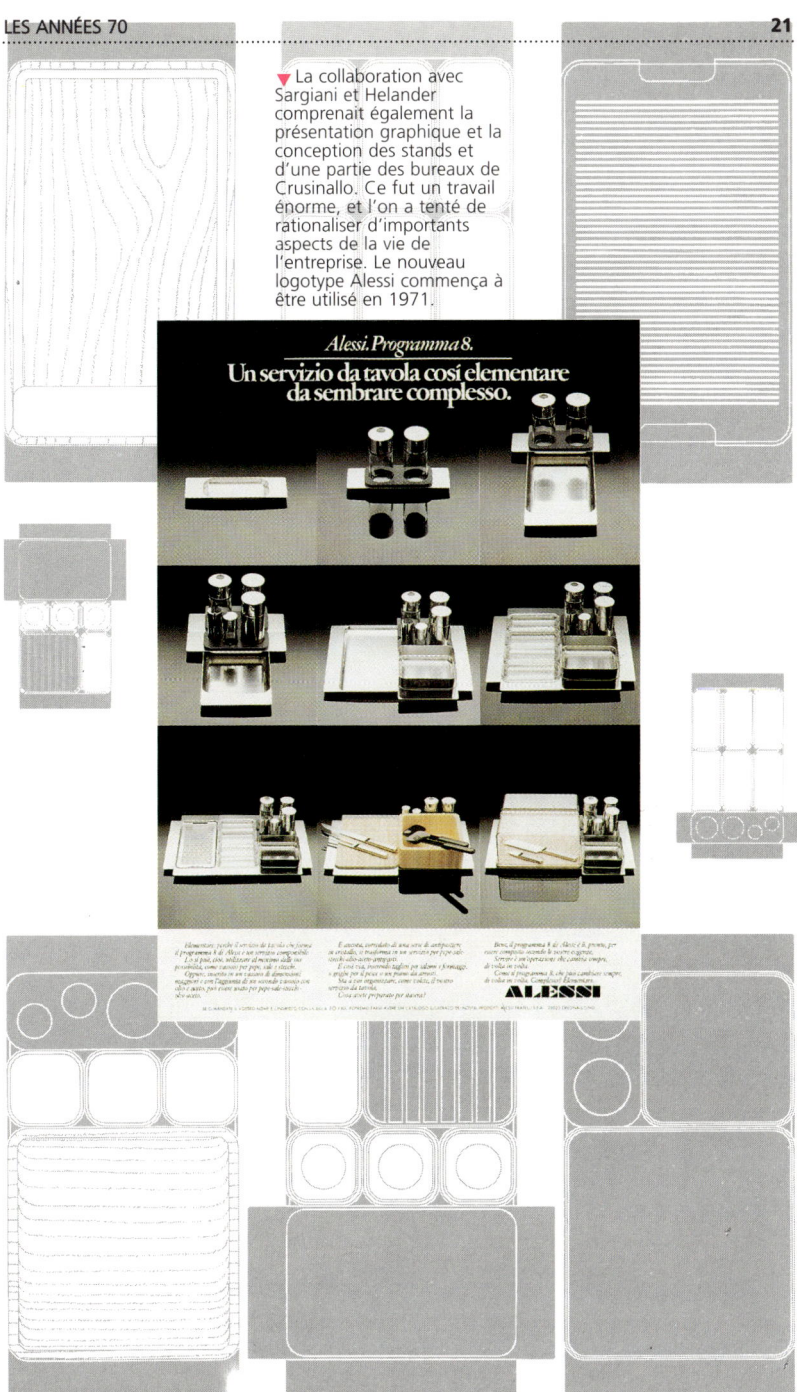

▲ En 1972,
Sargiani accepta de
me présenter quelques
bons designers afin de lancer
le *Programme 7*. Nous
connûmes le groupe milanais
Exhibition design. C'est ainsi
que travaillèrent pour nous, et
sous la direction de Silvio
Coppola (sur la photo, en
haut), Pino Tovaglia, Franco
Grignani, Giulio Confalonieri
et Bruno Munari, dont les
projets ne virent, hélas, pas le
jour. En les revoyant
aujourd'hui, je comprends
que ces objets appartenaient
encore au *Beau design* des
années 60.

◄ L'emblème de la série fut le
plateau *Tiffany* : 10.000 pièces
par an pour chaque format et
un chiffre d'affaires qui
ragaillardit l'insupportable et
féroce Coppola. De tels
résultats furent fondamentaux
pour moi : j'avais démontré
que le design se vendait bien !
Depuis, papa a pris l'habitude
d'aller à la pêche tous les
jeudis.

Ettore Sottsass

" Je pense qu'il est très difficile de dessiner une "belle table": cela ne dépend pas seulement des outils dont on se sert, mais aussi de la sagesse subtile, fragile, et hésitante avec laquelle quelqu'un, dieu seul sait comment et pourquoi, parvient à canaliser dans le projet d'un événement la perception totale de notre aventure cosmique: pour provisoire, suspendue et incompréhensible qu'elle soit. "

● Ettore Sottsass arriva à Crusinallo en 1972, invité par Sargiani. Mon oncle Ettore était présent lors de cette première rencontre dont je garde une forte impression. C'était le premier personnage d'envergure internationale auquel j'étais confronté, et il arriva chez nous précédé d'une réputation de gourou du design radical, acquise entre autres grâce au travail réalisé chez Olivetti. C'est une sorte de philosophe plein de charme. Avec lui, j'ai abordé les thèmes "nobles" du design et du rôle de l'industrie dans la société. Même si nous ne nous voyons que sporadiquement, en partie à cause d'une sorte de timidité de ma part, comme si je craignais d'user notre relation, il a été pour moi le premier maître rencontré dans le cadre de mon travail.

◄ Sottsass créa en 1979, avec la consultation d'Alberto Gozzi, une série tout à fait particulière d'objets professionnels destinés aux bars et au service du vin, s'inspirant avec nostalgie des merveilleux cocktails préparés par David Niven dans les comédies des années 50.

▼ La série tire son nom du shaker américain (*Boston*) et comprend le *Seau* pour bouteilles (il en existe deux versions : pour bouteilles bordelaises et pour magnum) accompagné éventuellement de la *Colonne porte-seau*, du *Passoire*, de la *Pince à glace* et du *Fouet*.

▶ L'hommage à Gauguin suggéré par cette publicité indique que le *Support et plat en verre trempé* de Sottsass (1994) est désormais un classique : certains détails stylistiques renvoient au célèbre huilier *5070*.

▼ Sottsass ne fait pas de hiérarchie entre les matériaux : il est l'un des designers les plus actifs pour les articles en bois de la ligne *Twergi* (fin des années 80).

▼ Le *Cabaret rectangulaire* (1982) est une petite provocation de Sottsass à la maison Alessi, étant donné la difficulté d'équarrir l'acier inoxydable.

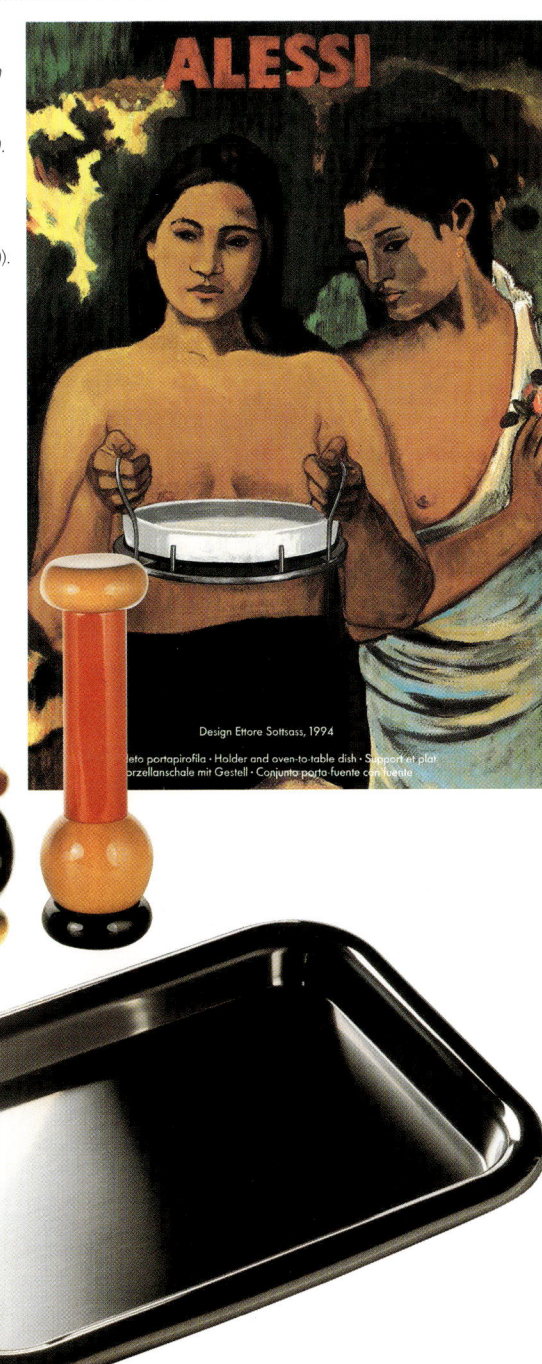

Design Ettore Sottsass, 1994

...leto portapirofila · Holder and oven-to-table dish · Support et plat ...orzellanschale mit Gestell · Conjunto porta-fuente con fuente

ALESSI

◀ Les premiers objets dessinés par Sottsass pour Alessi étaient des plateaux, enflés, avec de larges bords : nous avons vite compris que ce n'était pas la bonne voie et nous l'avons donc invité à s'attaquer aux huiliers. Avec l'aide de son assistante finlandaise Ulla Salovaara, il dessina assez rapidement la série d'huiliers *5070* (1978), un de nos meilleurs projets de ces vingt dernières années, sans doute l'un de nos objets se rapprochant le plus du "type industriel". Bien que relativement chère, cette petite mosquée de table est l'huilier en acier le plus vendu.

▲En 1993 naquit le service en porcelaine *La Bella Tavola*, dessiné par Sottsass suivant de pures lignes blanches ou dans la version où s'entrelacent de fines rayures bleutées. Stimulé par cette idée et par la place importante laissée aux rubans ornementaux, Alighiero Boetti, l'un des artistes italiens contemporains les plus originaux, a proposé à son tour une riche décoration, absolument unique en son genre du fait de la multiplicité des formes et des couleurs.

ALESSI

▲ Ettore est le créateur le plus prolifique de notre catalogue. Son souhait serait de composer avec Alessi, au fil des années, toute une famille d'objets pour la table et la cuisine, en s'inspirant explicitement de Joseph Hoffmann pour les Wiener Werkstätte.

▶ Sottsass est également l'auteur du show-room Alessi de Milan (1987).

▲ La série de verres *Ginevra* en cristal, est dédiée au plaisir raffiné de "l'art" de boire. Outre verres et coupes de différentes tailles, signalons la bouteille à décanter, un instrument pour connaisseurs.

▼ Réalisés en 1987 avec la consultation d'Alberto Gozzi, les couverts *Nuovo Milano* sont désormais des classiques récompensés par le XVIème Compas d'or.

▲ L'objectif de Sottsass est en train de se réaliser : concevoir une place complète à table, "une très jolie manière de faire preuve de respect et d'attention vis-à-vis d'une dimension fondamentale : notre alimentation".

ALESSI

Richard Sapper

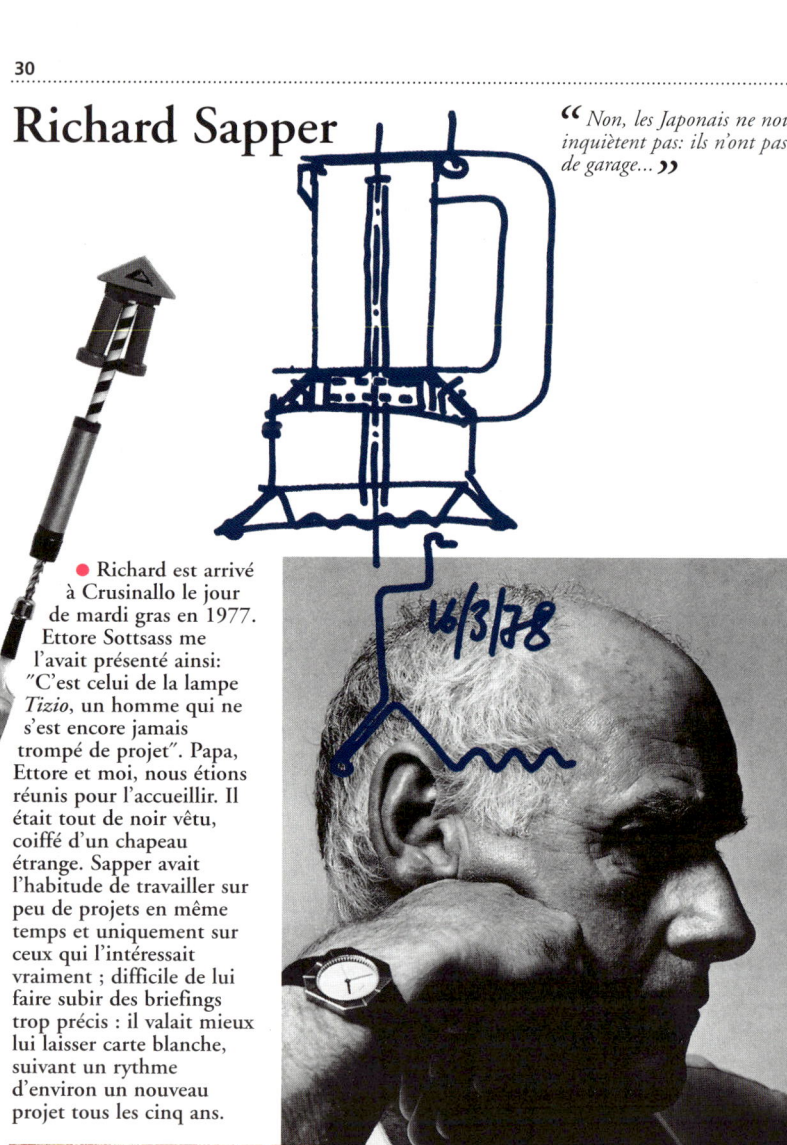

" *Non, les Japonais ne nous inquiètent pas: ils n'ont pas de garage...* "

● Richard est arrivé à Crusinallo le jour de mardi gras en 1977. Ettore Sottsass me l'avait présenté ainsi: "C'est celui de la lampe *Tizio*, un homme qui ne s'est encore jamais trompé de projet". Papa, Ettore et moi, nous étions réunis pour l'accueillir. Il était tout de noir vêtu, coiffé d'un chapeau étrange. Sapper avait l'habitude de travailler sur peu de projets en même temps et uniquement sur ceux qui l'intéressait vraiment ; difficile de lui faire subir des briefings trop précis : il valait mieux lui laisser carte blanche, suivant un rythme d'environ un nouveau projet tous les cinq ans.

▲ Sapper a dessiné pour nous des projets demeurés historiques – non seulement pour la culture du design, mais aussi pour l'histoire économique d'Alessi – comme la cafetière modèle *9090* (page ci-contre, en haut). Né en 1979, il s'agit du premier projet Alessi pour la cuisine : jusque-là, on s'était concentré uniquement sur les objets destinés à la salle à manger et au salon.

◀ Les deux projets phare de l'activité de Sapper pour Alessi sont la cafetière *9090* (la première cafetière produite à Crusinallo, elle a reçu le XIème Compas d'Or et a été exposée au MoMA de New York) et la grande *Bouilloire avec sifflet mélodique*, s'inspirant du chant des péniches qui glissent sur le Rhin : c'est notre première bouilloire "d'auteur" (1982).

◀ La *Bouilloire* est caractérisée par deux diapasons en "mi" et en "si" insérés dans les tuyaux en laiton du sifflet. De petits engins utilisés habituellement pour accorder les instruments de musique, produits expressément pour nous par un fabricant de la Forêt Noire.

ALESSI

● Alberto Gozzi, fin gourmet et chargé des cours de perfectionnement pour les professeurs de l'école hôtelière, a collaboré à de nombreux projets Alessi en tant que consultant gastronomique. Il y a quelques années, il nous a été "volé" par le Président de la République qui l'a entraîné à Rome afin de coordonner les services de restauration du Quirinal : une digne apothéose pour sa carrière.

◀ Véritable tourment pour nos techniciens, la présence de Sapper dans l'entreprise doit être calibrée avec soin si l'on veut éviter les accrochages. Selon la meilleure tradition de l'école d'Ulm ("le designer doit, par définition, bien connaître la technologie avec laquelle il travaille"), Sapper se considère un expert de toutes les questions liées à la construction. L'existence dans ses projets d'innombrables détails difficiles à réaliser le conduit à engager avec les techniciens d'âpres discussions. Mais les résultats sont extraordinaires, comme par exemple la théière "automatique" *Bandung* (1995, en haut) et son projet le plus récent, la cafetière électrique *Coban*, dont le premier prototype a suscité en moi la même émotion que la cafetière *9090*, seize ans auparavant.

▶ Avec l'aide d'Alberto Gozzi, Sapper a créé un service pour répondre aux besoins de la grande restauration et des collectivités (1982). Bon rapport qualité/prix, grande maniabilité et possibilité d'empilage, avec une touche de plus : la réversibilité du récipient principal qui peut faire office de théière ou de cafetière. En termes de ventes, l'accueil réservé au projet n'a pas été celui que nous espérions, mais sa conception correspond à l'esprit habituel de Sapper : innover dans la tradition.

● Sapper est également l'auteur du projet le plus complexe auquel j'ai eu l'occasion de travailler : la série d'ustensiles *La cintura di Orione*, réalisée avec l'apport fondamental du professeur Alberto Gozzi et dessinée sur les conseils de quelques célèbres chefs français et italiens. Entamée en 1979, la recherche, accompagnée d'un volume rassemblant des données historiques, s'adresse à un public jusque-là négligé par la production industrielle : celui des "particuliers-gourmets", passionnés de cuisine intelligente et créative.

◄ **Roger Vergé**

Entre innovation et tradition, il a mis au point la grande *Poissonnière* avec grille (60 cm de long) : sa forme elliptique inédite permet de cuire des poissons de différentes tailles ou des pieds de porc farcis.

◄ **Thulier & Charial**

Les patriarches de la cuisine française ont collaboré à la réalisation de la *Cocotte* ovale, un récipient en fonte, idéal pour la cuisson des ragoûts ou des daubes. Le matériel solide et le lourd couvercle retiennent les vapeurs et les fumets des plats en sauce.

ALESSI

▶ Pierre et Michel Troisgros

Maîtres lyonnais de la Nouvelle Cuisine, ils ont travaillé sur des poêles en fer noir (dont les courbes ont été étudiées pour faciliter le périlleux saut de l'omelette), sur la *Poêle à long manche* et sur l'exquise *Cassolette* monoportion.

▼ Gualtiero Marchesi

Le chef italien "créatif" par excellence a travaillé sur des ustensiles plus traditionnels, tels que la *Poêle* et les deux *Casseroles* en cuivre et acier.

◀ **Angelo Paracucchi**

Interprète de la cuisine méditerranéenne, il a mis au point avec Sapper la *Poêle à flamber* et le *Réchaud* qui l'accompagne. Des objets qui appartiennent à la tradition spectaculaire des plats flambés mais qui échappent à l'atmosphère Belle Époque pour être réinterprétés de manière contemporaine.

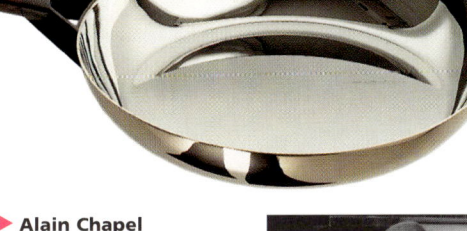

▶ **Alain Chapel**

Cette indiscutable autorité internationale dans le domaine des sauces a collaboré à la *Sauteuse* en cuivre et acier à bord évasé, accompagnée de son *Fouet*.

A L E S S I

Achille Castiglioni

" Naturellement, le concept de design est si vaste chez Alessi qu'il a permis à mon concept personnel de trouver sa place et sa position. Et je me sens très bien à cette place... cette dimension du plaisir constitue une partie intégrante tant de ma manière de concevoir le design que de celle d'Alessi. "

● Je me souviens bien de ma première rencontre avec Castiglioni, grand mythe du design italien, dans son atelier de Piazza Castello à Milan. Nous trouvâmes bien vite un thème en vue d'une collaboration : une série de couverts, le service *Dry*. Castiglioni est pour moi un grand maître, extrêmement curieux, doté d'une grande ironie et d'une modestie exceptionnelle, capable de projeter des chefs-d'œuvre. C'est un homme très réaliste qui comprend bien le public. La meilleure manière de le faire travailler consiste à lui présenter une idée qui l'amuse. Les meilleures idées nous sont venues tard le soir, devant un verre de whisky.

▶ Les trois frères Castiglioni en version sportive dans une caricature des années 30.

▼ La *Coupe* à *fruits-égouttoir* (1995) répond à deux critères fondamentaux pour Castiglioni : la solution pratique à de petits problèmes liés au confort de la table – si possible à travers une ingénieuse innovation fonctionnelle –, et le goût du public pour les finitions luisantes du métal. Voici son conseil, en patois milanais "cinc ghei pussée, ma luster": cinq sous de plus, mais que ce soit bien brillant!

◀ Pour résoudre le problème épineux du *Cendrier*, défi de nombreux designers, Castiglioni, fumeur distrait, a trouvé une solution géniale : un ressort en spirale (facile à ôter pour le nettoyage) retient la cigarette et l'empêche de tomber (1970).

A L E S S I

▲ Plus de trente ans séparent ces deux projets produits en 1996 : le porte-fruits *Ondula* et l'horloge *Firenze*, qu'Achille dessina avec son frère Pier Giacomo à l'occasion de l'exposition , *La casa abitata*, à Palazzo Strozzi de Florence en 1965.

▲ Cette *Montre-bracelet*, dont le cadran a été créé avec la consultation graphique de Max Huber, a été produite entre 1988 et 1993.

▶ Ce *Plateau pliant*, dont les parois rétractiles permettent d'adapter la taille aux besoins, fait partie des projets non réalisés (1982).

◀ Les verres constituent un autre projet historique entamé en collaboration avec Pier Giacomo. Le dessin remonte à 1960, mais Achille l'a retouché avec le grand œnologue Luigi Veronelli, auquel on doit le nom *Orseggi* (1997).

▶ Créées en 1980, les *Burettes* pour l'huile et le vinaigre dont le couvercle est retenu par un contre-poids sont devenues un "classique" de l'esprit Castiglioni.

▲ Le service en porcelaine *Bavero* (1997) exposé sur le bureau de Castiglioni, est un autre bel exemple de son travail : tout est fondé sur un geste conceptuel simple (mais ô combien important et courageux !), à savoir celui d'incliner vers le bas le rebord des assiettes.

ALESSI

▲ Les couverts *Grand Prix*, 1ᵉʳ prix au concours coordonné par Giò Ponti pour Reed & Barton en 1960, n'avaient jamais été produits probablement à cause de la grande difficulté de réalisation technique des couteaux. Ils figurent au catalogue depuis 1997.

▼ Le service *Dry* marque nos débuts dans la production de couverts (1982).

▶ Ce prototype de chandelier
à sept branches s'inspirant
des *ready-made* s'appelle
Menorah. Le support est fait
avec le revêtement en
caoutchouc d'un guidon de
motocyclette japonaise. Trois
versions ont été produites
dans le cadre de la recherche
"Nerot Mitzvah,
Contemporary Ideas for Light
in the Jewish Ritual", promue
par Izzika Gaon de l'Israel
Museum de Jérusalem.

◀ Le sens pratique de
Castiglioni et l'attention qu'il
porte aux soucis du quotidien
s'expriment dans cette *Cuiller
à mayonnaise*, conçue pour
récupérer ce qui reste à
l'intérieur du pot. À l'origine,
cette cuiller fut projetée par
Pier Giacomo comme objet
promotionnel pour la marque
Kraft. Nous l'avons mise en
production en 1997.

A L E S S I

Alessandro Mendini

*« Si l'on veut que la vie
conceptuelle d'un flux de
produits soit organique et
justifiée, il faut qu'elle se
déroule dans le cadre d'une
'conscience critique' de sa
propre histoire, condition
première des prévisions et des
hypothèses de développement. »*

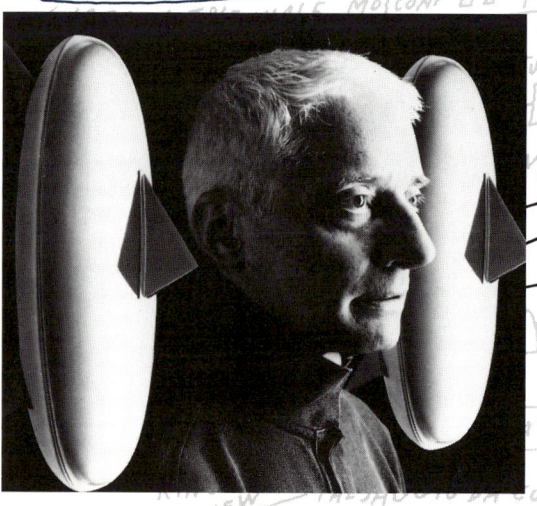

● Il m'est très difficile de
décrire le rapport entre
Mendini, moi et mon
entreprise. Je peux dire
qu'il a été pour moi un
maître à la pratique
vaguement socratique, qui
m'a progressivement ouvert
à tous les mystères de
notre fascinante profession.
Quand on me demande ce
que Mendini fait pour
nous, quel est son rôle, je
ne peux que sourire:
Sandro est un consultant si
extraordinaire que son rôle
ne peut être facilement
décrit hors de ce contexte :
un rapport qui ne va pas
sans rappeler celui de Peter
Behrens avec la maison
AEG de Rathenau.

Nos premiers contacts avec
Mendini remontent à
1977, lorsque fut fondée,
sous sa direction, une revue
de design et d'architecture
extrêmement vivante,
destinée à faire parler d'elle
pendant quelques années:
"Modo".

▲ C'est à Mendini que je dois
le projet de ma "maison du
bonheur". Alessandro en a
dessiné le plan (ci-dessus) et a
coordonné le travail des autres
architectes concernés.

▲ Les "plans" méticuleux où
personnages, objets et lieux
sont disposés suivant un
enchaînement de relations, à
l'instar d'une séquence
topographique où chaque pas
fait comprendre le sens du
chemin, sont emblématiques
du travail de Mendini.

ALESSI

▶ Mendini est au courant de nos problèmes et souhaits les plus intimes, et ce de manière tout à fait informelle : il n'est même pas nécessaire de se voir souvent, car au fil des années nous avons établi un mode de travail quasi télépathique...

A. ALESSI
A. MENDINI   1988

CENTRO STUDI   LAURA

100% MAKE UP

DIECI ANNI DI COLLABORAZIONE

SERVIZIO PIATTI

STAND FRANKFURT

GERMANY

HAMBURG

MUSEUM ARCHIVES

▶ En 1986, nous avons lancé la production des services d'assiettes en porcelaine dessinés par Mendini avec la collaboration d'Annalisa Margarini. Alessandro a proposé le service de base, blanc, et la version *How many stars*, ornée de fines dorures, tandis que les triangles polychromes de la décoration vive de *How many colours* sont de Nicola De Maria.

FORUM OMEGNA   2000

Auteur de la recherche *Paesaggio casalingo* et d'autres ouvrages, Mendini est l'historiographe officiel de la maison Alessi. En sa qualité de créateur, il continue de dessiner des objets, souvent présentés dans les sections les plus complexes et excitantes de notre catalogue. Comme architecte, il a projeté ma maison (la "maison du bonheur"), deux nouvelles ailes de l'usine de Crusinallo, le musée Alessi et de nombreuses expositions. En tant que design manager, il est responsable de la création et de la coordination de certains projets désormais légendaires que nous avons partiellement décrit ici. En sa qualité de consultant, il m'a indiqué de nombreux designers qui ont collaboré avec nous.

▼ La série de petits appareils électroménagers pour la cuisine a permis à Mendini de participer activement à la collaboration Alessi-Philips qui a ouvert de nouvelles perspectives de partenariat international.

▶ Je suis particulièrement fier des tire-bouchons *Anna G.* (1994) : cet article est aussitôt devenu le n°1 au hit-parade des ventes, détruisant ainsi la légende (alimentée par Mendini lui-même) suivant laquelle Alessandro ne dessine que des choses qui ne se vendent pas ! Suite à ce succès, une petite famille est inévitablement en train de voir le jour.

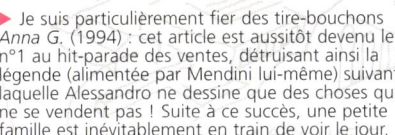

ALESSI

▲ Le siège de la maison Alessi à Crusinallo porte la marque de Mendini : ici, les projets d'agrandissement et les plans de l'escalier polychrome qui conduit de la réception à la salle d'exposition (1995).

◄ L'entrée du stand Alessi réalisé par Mendini pour le Macef (1989), l'importante exposition spécialisée du Salon de Milan.

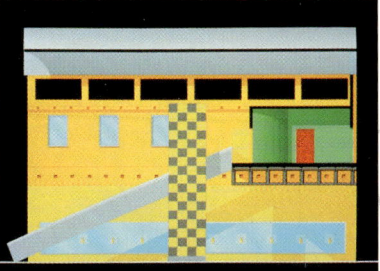

▲ En haut à gauche, le projet de Mendini pour le *Forum* d'Omegna, le nouveau musée des arts et traditions locales (1998).

▲ Ci-dessus, la salle de réunion (réalisée par Mendini) de la filiale Alessi à Hambourg, rehaussée par la présence rassurante des vases de la série *100% Make up* (1996).

▲ L'intérieur du premier stand du Macef, avec son caractéristique présentoir tournant.

▼ Le suggestif stand Alessi au Salon de Francfort.

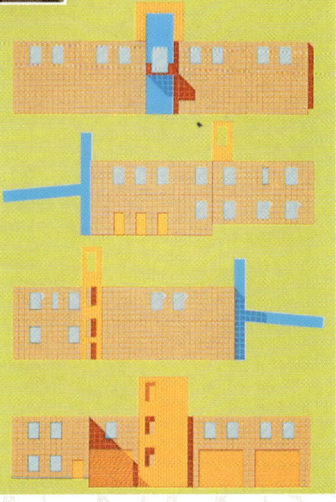

▲ Projets de Mendini pour le siège des *Volontari del Soccorso di Omegna* (situé sur le territoire de Crusinallo, 1998).

Tea & Coffee Piazza

▲ Les objets de Robert Venturi, caractérisés par un décor délicat, reposent sur un plateau qui reproduit la place du Capitole.

● En 1979, le volcanique Alessandro Mendini a eu l'idée de confronter des architectes "purs" à un classique du design, le service à thé et à café. Réalisés en 99 exemplaires chacun, les onze services en argent (*Programme 6*) sortent avec le label de la maison Alessi et le monogramme de leurs auteurs. En 1983, ils sont présentés au public dans le cadre d'une exposition organisée par Hans Hollein dans l'église San Carpoforo à Milan.

▲ Logique et rigueur nippone chez Kazumasa Yamashita : les poignées des récipients ont la forme des initiales de ce qu'ils contiennent.

◄ Post-moderne ironique et éclectique pour Charles Jencks qui dessine d'extravagantes colonnes ventrues surmontées de chapiteaux.

▶ Avec ce projet, Aldo Rossi
révèle son talent de designer :
le plateau se transforme en
un tabernacle domestique
pour le rite accueillant du
café.

▼ Paolo Portoghesi modèle à
l'aide d'hexagones et de
pyramides une citadelle
domestique pour les petits
plaisirs, en prévoyant – c'est
le seul – un cendrier pour les
fumeurs.

▼ Tout est arrondi dans le projet
d'Alessandro Mendini qui
semble mettre des ailes à
l'indémodable *Bombé* : les
objets sont prêts à bondir de
leurs frêles piédestals.

ALESSI

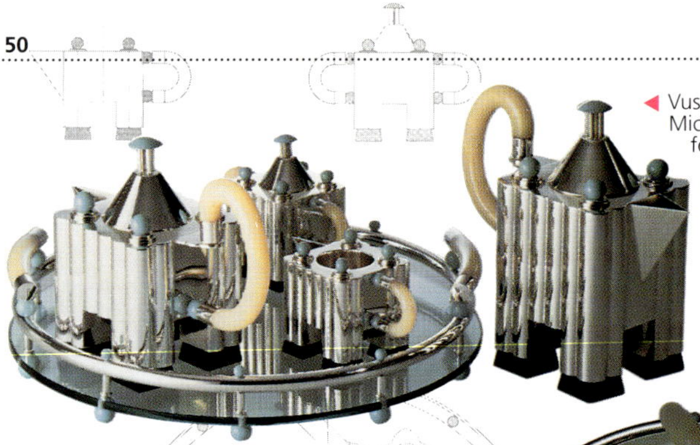

◀ Vus d'en haut, les objets de Michael Graves évoquent la forme des biscuits, rappelant ainsi, à travers des matériaux raffinés, leur aspect convivial.

▼ Les objets d'Oscar Tusquets sont composés de deux coquilles soudées par un rivetage en relief le long d'un axe oblique.

▼ Hans Hollein emboîte ses objets sur un plateau qui rappelle le pont d'un porte-avion : Hollein a également projeté le "mur" pour l'exposition des onze services.

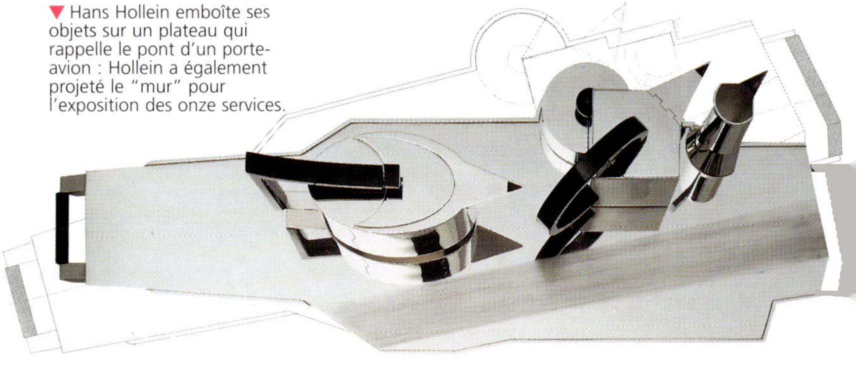

▼ D'inquiétantes petites mains sortent du plateau de Stanley Tigerman, tandis que les becs ont la forme engageante de lèvres entrouvertes (détail qui a nécessité une approche technique assez audacieuse).

La série *Tea & Coffee Piazza* reprend et développe deux thèmes importants : le concept de "multiple d'art" et l'implication d'architectes internationaux dans une recherche sur le design. Cet aspect était fortement voulu par Mendini qui préconisait la fin du "beau design italien" et ressentait le besoin, en se plaçant "au carrefour entre la conscience de la tradition et le charme de l'inconnu", de revenir aux origines du phénomène design, aux années 50, lorsque les

architectes "purs" commencèrent à projeter des objets. De fait, cette opération m'a permis non seulement d'inaugurer la tendance des "objets affectifs" fortement expressifs, postmodernes et *style symbols*, mais aussi d'accumuler des contacts et des expériences qui seraient utiles pour la gestion du produit dans les années suivantes. En tant qu'opération de recherche, on lui doit la découverte de deux grands designers : Aldo Rossi et Michael Graves.

▼ Richard Meier a étudié une intégration complexe entre volumes équarris et corps ventrus, le tout dans un jeu brillant entre extérieur et intérieur, récipient et contenu.

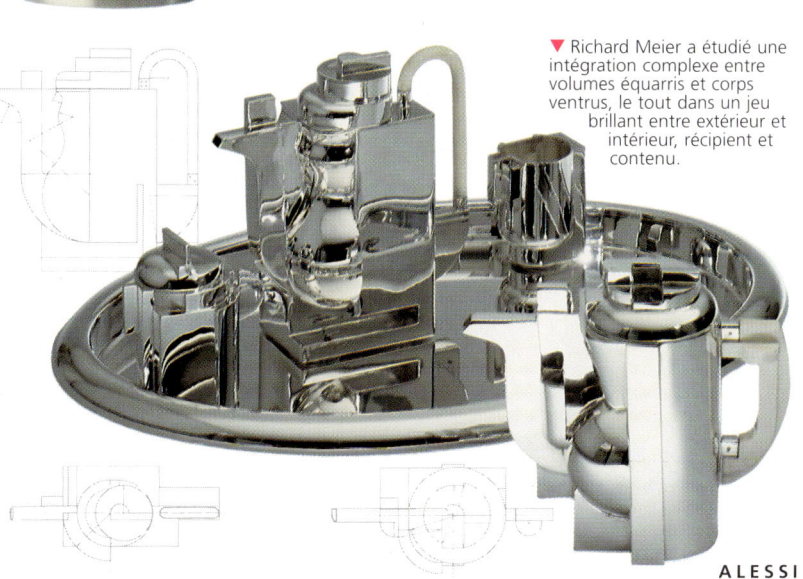

ALESSI

Aldo Rossi

● Aldo Rossi était un homme des lacs, comme moi. Il aimait méditer et écrire dans une vieille maison de famille sur le lac de Mergozzo et cela a facilité nos premiers rapports, au printemps 1980. Il a dessiné quelques-uns des objets les plus représentatifs des années 80, faisant preuve d'une capacité d'adaptation au goût du public propre aux grands designers. Le design n'était cependant pour lui qu'un passe-temps, attiré qu'il était par l'architectonique. Il est mort dans un accident sur le lac Majeur. C'est le premier de mes maîtres à m'avoir quitté. Il me manque et je suis très triste.

❝ Je crois que le commerce des objets est souvent mystérieux : parfois je les regarde comme si c'étaient des pièces en terre cuite rangées dans un musée ; des pièces qui bloquent le mouvement d'un monde dont la seule volonté est peut-être celle de s'en servir et de les détruire. Il y a toujours deux manières de voir les choses. ❞

▶ Les montres *Momento* (1987) sont les seules qui figurent encore au catalogue Alessi : Aldo aimait beaucoup les horloges, qu'il insérait souvent dans les bâtiments publics.

◀ Le rêve de Rossi était de produire une nouvelle cafetière Moka tout public, à un prix accessible : il y est presque parvenu avec la cafetière *La cupola*, en aluminium (1988).

◀ Pendant tout le mois d'août 1997, j'ai gardé dans ma voiture le prototype de sa *Carafe* : je savais qu'Aldo serait venu sur le Lac Majeur et aurait été heureux de la voir. Mais nous n'en avons pas eu le temps.

▼ La *Cafetière presso-filtre* réalisée durant les recherches qui ont débouché sur *La cupola* (1986).

Comme on peut le remarquer à ce dessin d'une cafetière sous la protection du *San Carlone* d'Arona, Aldo avait une manière d'approcher les techniciens totalement différente de ce que j'avais pu voir jusque-là : il faisait des croquis, puis il les présentait et attendait que les techniciens fassent leurs observations et leurs corrections, même importantes.
On aurait dit que tout lui convenait ! Pour mon oncle et Casalino, tout juste sortis de l'expérience avec Sapper, c'était une façon de faire scandaleuse, au point qu'un jour mon oncle déclara : "Monsieur l'architecte, vous ne pouvez pas nous apporter des dessins exécutifs plutôt que ces croquis auxquels on ne comprend rien ?" Ce fut la seule fois où j'ai vu Rossi en colère. Il répondit sèchement que s'ils voulaient des dessins techniques, ils pouvaient s'adresser à Zanuso. L'attitude de Rossi me permit de comprendre une approche du design qui était celle de presque tous les designers au passé d'architecte.

▲ Le livre *La conica e altre caffettiere* (1984), fruits des recherches sur l'art de faire et de servir le café.

◀ Dans les dessins de Rossi, le rapport (souvent ironique et clarificateur) entre objet de design et architectonique apparaît évident.

▶ *La cubica*, en fonte d'aluminium, est un hommage d'Aldo à la devise "form follows function". C'est en effet l'instrument idéal pour cuire des tomates cubiques. Du fait de ses grandes difficultés d'exécution et de son coût industriel élevé, seuls quelques centaines d'exemplaires ont été fabriqués à partir de 1991.

il ritorno dalla scu...

▶ *La conica*, dessinée par Rossi entre 1980 et 1983, représente une évolution par rapport à l'intervention d'Aldo dans le cadre du projet *Tea & Coffee Piazza*. Il transpose ici un objet prestigieux en argent en un produit en acier facile à commercialiser et présentant de nouvelles caractéristiques de solidité et maniabilité. Au départ, Rossi était un peu méfiant vis-à-vis de l'industrie en général, mais la maison Alessi lui a plu et il s'est lancé dans de longues études sur les objets pour le café, devenus pour lui au fil des ans une espèce d'obsession : notes, esquisses, photos, dessins, projets de différentes sortes, tels que le *Percolator*, le modèle *New Orleans* et celui pour le café américain. Pour Rossi la cafetière (enfin réalisée à partir de 1984 dans ses deux versions "Conica" et "Cupola") est le symbole par excellence du rapport dialectique entre l'architecture (ou mieux l'urbanisme) et le "paysage domestique" où s'insère ce monument miniature.

▼À part les cafetières, l'activité de Rossi pour Alessi est placée sous le signe de l'éclectisme, allant des montres, aux horloges, ou à la tour-belvédère pensée pour la "maison du bonheur" et encore non réalisée. En voici un photo-montage.

▼Rossi partait d'une "idée forte" au plan formel et expressif, capable de résister à toutes les modifications requises par les techniciens : 'Vous savez bien mieux que moi comment on construit une cafetière' disait Aldo à Casalino. Cette manière de déléguer les détails de fabrication a conduit nos techniciens à avoir des relations de travail plus reposantes et agréables avec les architectes qu'avec les designers.

ALESSI

Lors du "célèbre" conflit sur les dessins techniques, mon oncle était estomaqué, mais la fois suivante, il parvint à se faire pardonner en comparant les dessins d'Aldo à ceux de Morandi. Aldo en fut frappé, et à partir de ce moment-là, il naquit entre les deux hommes une grande passion couronnée par le projet de la villa de mon cousin Stefano à Suna (1995).

Michael Graves

" *Avec Alessi, la tradition s'étend au concept de famille. En tant que designer, vous êtes traité, avec vos collaborateurs, comme un membre de la famille – c'est une relation très personnelle entre le créateur et le producteur. C'est ce qui consolide tout.* "

●Dès janvier 1980, lors de notre première visite dans son grand atelier de Princeton, Michael Graves nous avait déclaré qu'à partir de ce moment, la moitié de son activité serait consacrée au design. C'était une déclaration précise, qui correspond du reste aux grandes potentialités du secteur. Graves est doté d'une capacité incroyable de capter le goût du public, même du public moyen : il n'aime pas la théorie, mais un jour il m'a avoué son souhait d'élaborer un "design américain".

▶ La *Bouilloire avec oisillon* (1985), continue d'avoir beaucoup de succès. C'est le chef de file de la "famille" d'objets que Graves continue de créer en développant, d'année en année, une vision moins intellectuelle et plus soft que celle du design européen.

ALESSI

◀ Dans le langage formel très personnel de Graves se fondent des renvois cultivés à la tradition européenne, à l'Art Déco, au "pop art" américain, ainsi que des réminiscences de cultures pré-colombiennes. Il a été en mesure de fasciner le public comme peu de créateurs avec lesquels j'ai travaillé ont su le faire. Je pense que ce succès dépend de son approche totalement désinhibée de la dimension économique de cette activité, attitude qui lui permet de percevoir les attentes du public avec davantage de lucidité que ses collègues européens.

▶ Les dessins en arrière-plan sont ceux des projets pour le service dessiné dans le cadre de *Tea & Coffee Piazza*, premier contact entre Graves et Alessi.

▶ Les objets de la "famille Graves" se sont développés de manière concentrique autour de la *Bouilloire*, qui était au départ accompagnée du *Crémier* et du *Sucrier*. Vint ensuite la cafetière espresso *Pelicano*. Le *Porte-photos* est une nouveauté. Graves a proposé plusieurs versions de nombreux objets, parmi lesquels l'huilier.

▲ *Sugar bowl & Creamer*, autre typologie typiquement américaine, sont le prolongement de la *Bouilloire* (1988).

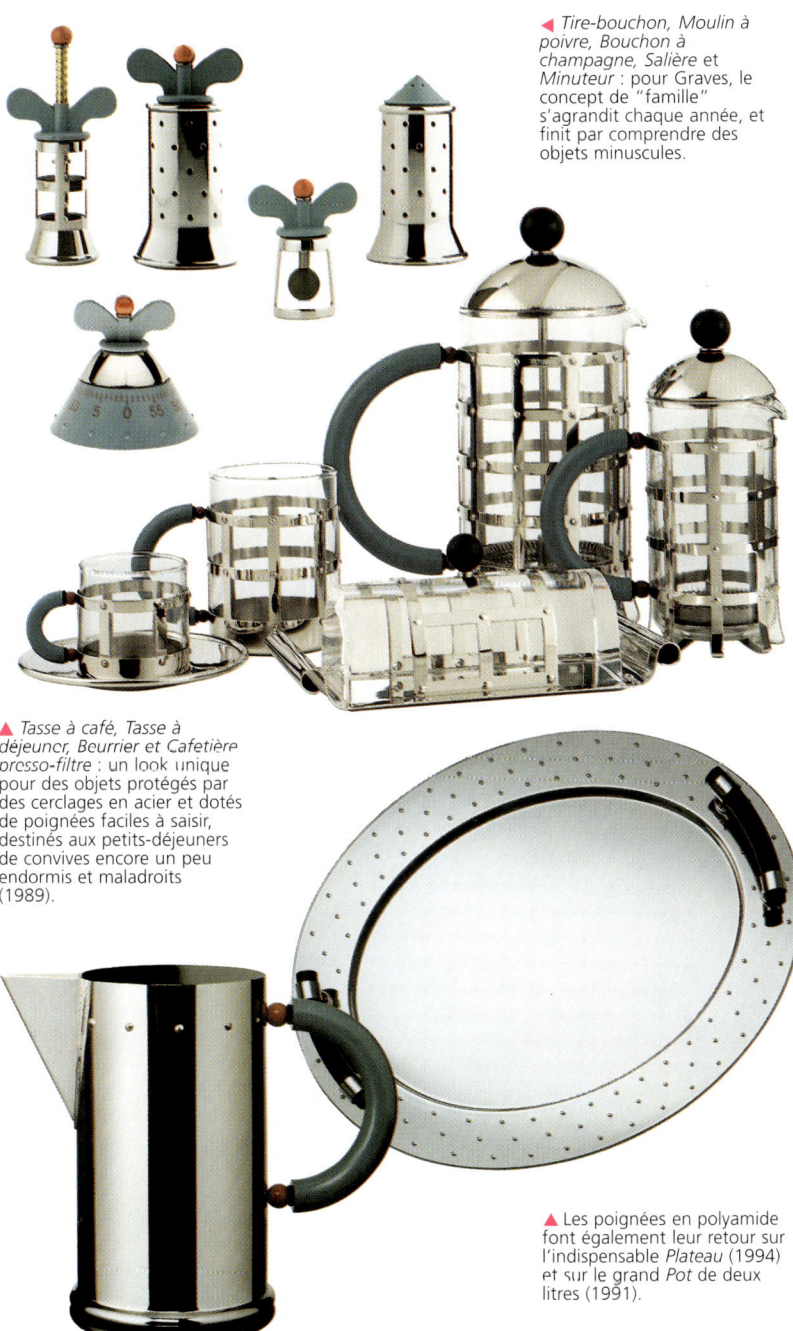

◄ *Tire-bouchon, Moulin à poivre, Bouchon à champagne, Salière* et *Minuteur* : pour Graves, le concept de "famille" s'agrandit chaque année, et finit par comprendre des objets minuscules.

▲ *Tasse à café, Tasse à déjeuner, Beurrier et Cafetière presso-filtre* : un look unique pour des objets protégés par des cerclages en acier et dotés de poignées faciles à saisir, destinés aux petits-déjeuners de convives encore un peu endormis et maladroits (1989).

▲ Les poignées en polyamide font également leur retour sur l'indispensable *Plateau* (1994) et sur le grand *Pot* de deux litres (1991).

ALESSI

◄ Le *Kitchen clock* est le chaînon manquant entre le "petit oiseau" (qui apparaît en haut des aiguilles) et les couleurs vives de la série *Euclid* (1992).

► Avec ses rondeurs rassurantes, ce *Pichet* reposant sur des bases cubiques (1994) est devenu l'objet-symbole de la série *Euclid* : parmi les couleurs disponibles, le "Graves blue".

► Outre les objets en bois de *Twergi*, Graves s'est lancé dans l'architecture miniaturisée des *Pendulettes*, dont le cadran, au premier étage du bâtiment, est soutenu par de robustes colonnettes (1988).

▲ La délicate bichromie jaune-bleue caractérise l'un des deux *Services en porcelaine* dessinés par Graves.

◀ Le *Plateau à fromages* repose sur un large plateau en acier et est composé d'une planche en céramique "à trous", surmontée d'une cloche transparente : le pommeau est une drôle de petite souris. Il existe en différentes couleurs, tout comme la *Boîte à pain* ci-dessous.

A L E S S I

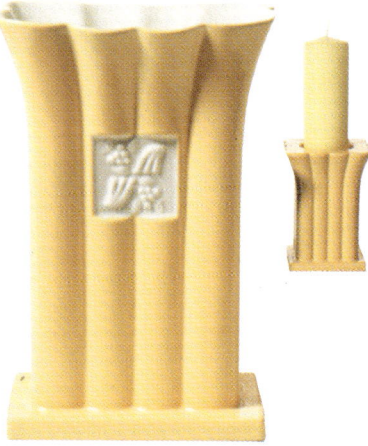

▲ Deux projets des bâtiments monumentaux construits par Graves aux États-Unis : ci-dessus, la Bibliothèque centrale de Denver, en dessous, l'Humana Building de Louisville.

▲ Dans sa production plus récente pour Alessi, Graves s'est essentiellement concentré sur la porcelaine en adaptant des motifs architecturaux à des objets qui peuvent être considérés comme les "gratte-ciel" de la table, tels que le *Chandelier* et le *Vase* (de 26 cm de haut) décoré d'un médaillon couleur ivoire.

▼ La silhouette blanche de la *Bouilloire avec oisillon* ressort sur les *Dessous de plat* en porcelaine : les quatre couleurs (bleu cobalt, vert céladon, blanc et jaune melba) sont celles du *Vase* et du *Chandelier*.

Les autres auteurs

● J'ai travaillé, depuis les années 70, avec quelques centaines de créateurs. Cette expérience extraordinaire – la plus belle de ma vie – n'en finit pas de m'emballer. J'ai eu de la chance car chaque rencontre m'a laissé quelque chose. Il est pour moi fascinant d'observer comment l'immensité du Possible Créatif se concrétise à travers des images, des pensées, des langages et des gestes qui, bien que toujours différents, tendent tous vers l'héroïque tentative d'exprimer quelque chose de plus grand que nous. Je n'ai pas encore compris en vertu de quelles relations mystérieuses, certains de ces créateurs ont fondé des familles dans notre catalogue, tandis que d'autres n'y ont laissé qu'un signe apparemment mineur, parfois un seul objet... Mais je sais qu'un seul projet suffit à enrichir le grand jeu de l'existence.

▲ *The Soundtrack* est, pour Alessi, un objet inédit : il s'agit d'un porte-cd adhésif en résine thermo-plastique mesurant 1,20 m et pouvant contenir jusqu'à 80 compacts. La décoration est de Javier Mariscal. Je travaillais avec Ron depuis de nombreuses années sans qu'il ne m'offre rien de valable pour la production. Jusqu'à un soir du printemps 1997 où il m'annonce qu'il me faxe un beau projet. Quelle émotion ! Après toutes ces années, j'étais pour la première fois devant un véritable exemple de ce que j'appelle *Less is more*, devant l'incarnation prophétique du design immatériel de l'an 2000 caractérisé par l'absence d'un fort langage personnel. Mais quelle classe ! *The Soundtrack* est l'un des projets les plus géniaux que j'ai reçus depuis (au moins) dix ans.

▲ *Rosenschale* est la reconstruction critique d'un prototype de corbeille dessiné par Joseph Hoffmann en 1906 et qui ne fut jamais produit. Arnell et Bickford se sont uniquement basés sur une photo, aucune esquisse ou dessin n'ayant été retrouvé.

Andrea Branzi

" *Pour les hommes, construire une maison, ça signifie réaliser un lieu et des objets avec lesquels il est possible d'établir des rapports liés non seulement à leur usage et à leur fonctionnalité, mais aussi des relations d'ordre psychologique, symbolique, poétique. Hölderlin disait : l'homme habite poétiquement. Ainsi, le rapport unissant l'individu et son nid a un caractère littéraire, en partie obscur, et symbolique.* "

A   B

A + B

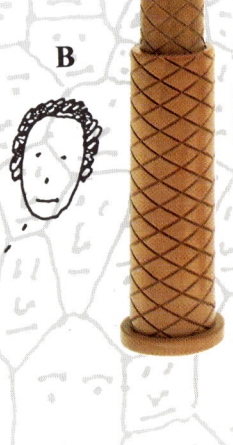

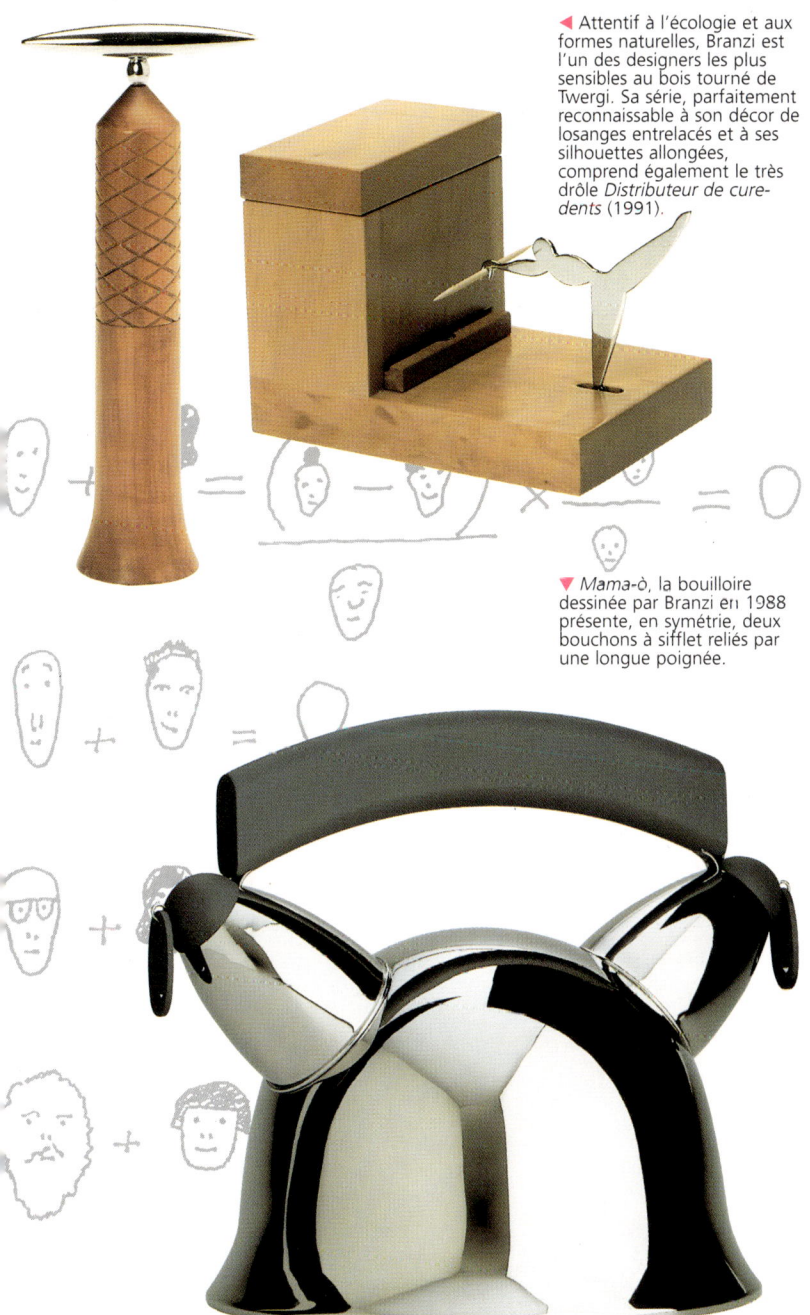

◄ Attentif à l'écologie et aux formes naturelles, Branzi est l'un des designers les plus sensibles au bois tourné de Twergi. Sa série, parfaitement reconnaissable à son décor de losanges entrelacés et à ses silhouettes allongées, comprend également le très drôle *Distributeur de cure-dents* (1991).

▼ *Mama-ò*, la bouilloire dessinée par Branzi en 1988 présente, en symétrie, deux bouchons à sifflet reliés par une longue poignée.

A L E S S I

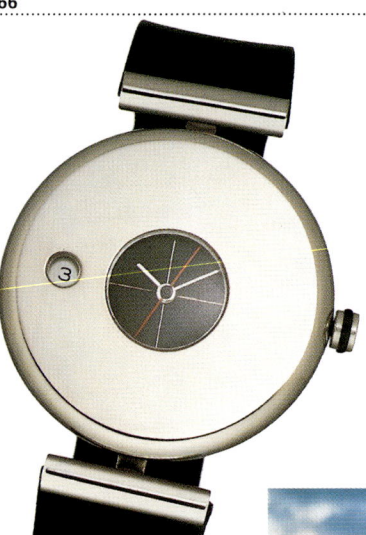

Mario Botta

◄ Dans l'espace de son cadran, cette montre décrit l'écoulement du temps. Il s'agit d'un objet architectural autonome, doté d'un espace, d'un mécanisme et d'images propres. C'est un microcosme révélant la fascination de l'objet "fini" (1989-1997).

Shigeru Uchida

► *Dear Vera* porte le nom de la fille d'Aldo Rossi : ce réveil (en deux versions) conçu pour l'hôtel de Fukuoka a été projeté par Uchida en collaboration avec Rossi (1994).

▼ Fasciné par les fronces capricieuses d'un plateau en papier d'argent, Clotet en a reproduit l'effet en modelant l'acier (1994).

Lluís Clotet

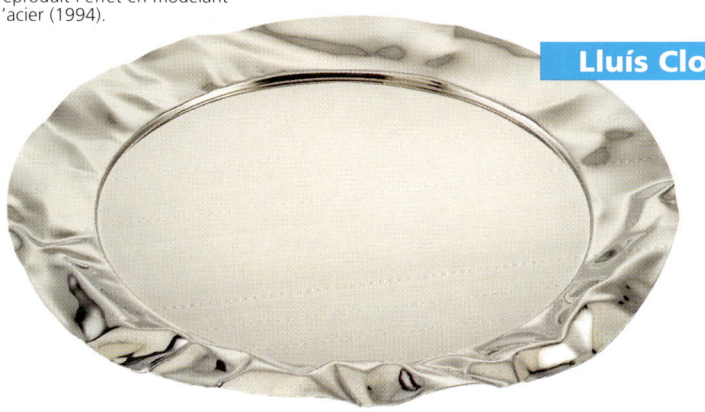

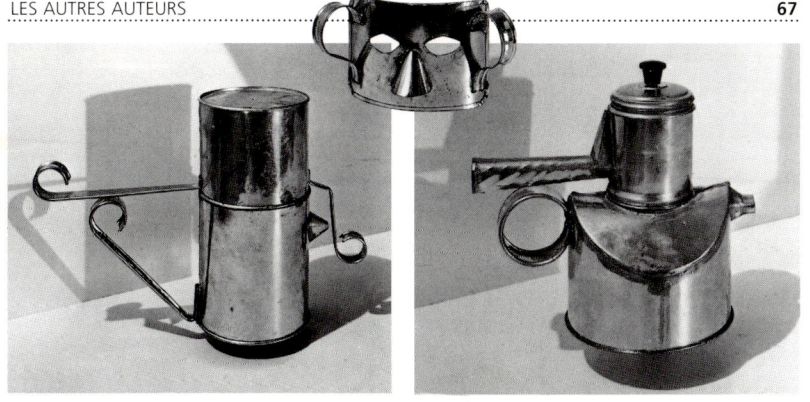

Riccardo Dalisi

▶ La recherche sur la cafetière
napolitaine (1979-1987) – qui
a remporté le XIIᵉᵐᵉ Compas
d'Or – a été la plus longue de
notre histoire. Au cours des
années, cette cafetière a fait
l'objet d'un livre et a suscité
plus de 200 prototypes, tous
en état de fonctionner.
Avec son béret basque et ses
vêtements "néoréalistes",
toujours à l'affût de nouvelles
idées et hypothèses de
fonctionnement, Dalisi n'a pas
été facile à gérer mais ce
projet a été très important
pour nous. Il nous a permis
d'ouvrir encore davantage
notre monde industriel à
l'expérience conceptuelle de
l'artisanat ; il nous a obligé à
mitiger nos certitudes au nom
d'une fragilité poétique
caractérisant un travail orienté
sur de très anciens rituels
domestiques.

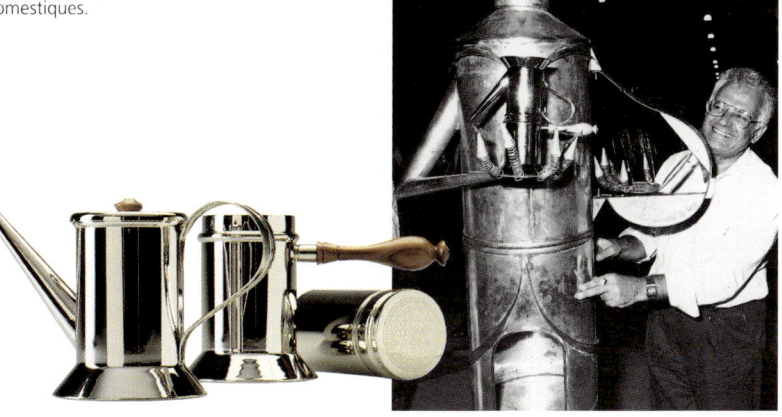

ALESSI

Massimo Morozzi

◄ *Pasta set* est un hommage à la *pastasciutta*. Morozzi me présenta le projet en 1982, après un an et demi de rencontres. La forme de l'objet était à la fois fascinante et mystérieuse. Nous avons mené une enquête : environ la moitié des personnes interviewées n'y reconnaissaient pas une marmite et lui attribuaient les fonctions les plus diverses. Nous avons quand même décidé de lancer la production et bien nous en a pris. *Pasta set* est devenu populaire au point d'influencer profondément le marché, et je pense que des centaines d'imitations circulent dans le monde. Nous avons poursuivi nos recherches avec *Vapor set* (1990) conçu pour la cuisine à la vapeur.

Fig. 13

Frank Gehry

▼ La bouilloire de Gehry se nomme *Pito* et possède un manche et un bouchon siffleur en acajou (1992).

" *Lorsque les artistes et les sculpteurs que je connais travaillent, il s'instaure toujours une forme de jeu. C'est un comportement un peu infantile, semblable à celui des enfants jouant dans leur parc. Les scientifiques aussi travaillent comme ça. C'est un peu comme si on se débarrassait des objets pour suivre ses idées, plutôt que de tenter de prévoir où l'on va.* "

Paolo Portoghesi

◄ Les arceaux croisés de la chapelle d'Achphat en Arménie et les lignes subtiles de la mosquée de Tlemcen inspirent cette micro-architecture où les célèbres lignes de Portoghesi se concluent par la lumière magique d'une bougie (1988).

ALESSI

George Sowden

◀ On retrouve les célèbres
formes douces et arrondies
ainsi que les couleurs vives qui
caractérisent le travail de
Sowden dans *Dauphine*, une
calculette dotée de huit
fonctions (1997).

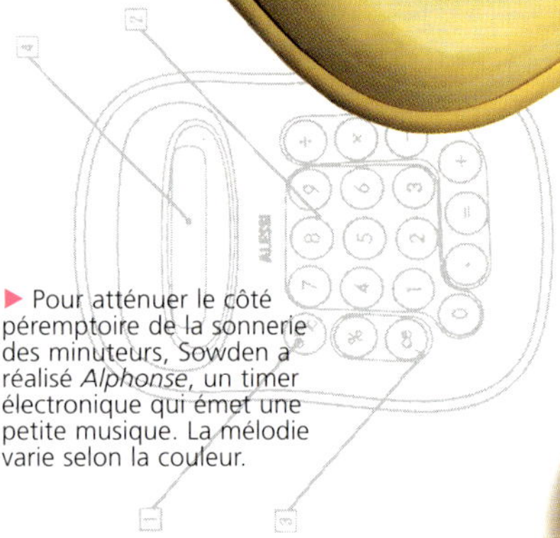

▶ Pour atténuer le côté
péremptoire de la sonnerie
des minuteurs, Sowden a
réalisé *Alphonse*, un timer
électronique qui émet une
petite musique. La mélodie
varie selon la couleur.

▼ Ces *Pots* en porcelaine sont
disponibles en blanc ou avec
des décors réalisés par A.
Fiorilli, N. du Pasquier ou
Sowden lui-même.

Massimo Scolari

▶ Des instruments pour lire et écrire correctement : à l'époque triomphante des souris électroniques, Scolari (dont le nom en italien signifie *écoliers*) propose un *Crayon* en bois ébénisé muni d'une pointe en alliage plomb-étain, ainsi qu'un *Signet* coupe papier expressément dédié à ceux qui lisent encore des livres dont il faut couper les pages.

Oscar Tusquets

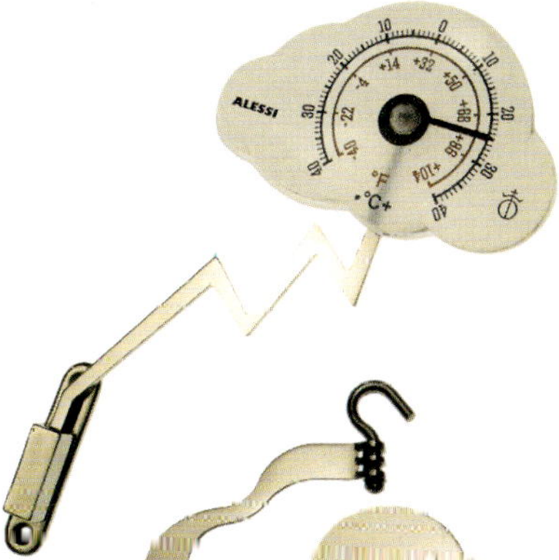

◀ Trois thermomètres conçus par Tusquets et dont la production a démarré en 1998 : comme on le devine facilement, *Blue sky* et son nuage mesure la température extérieure ; *Chily Penguin* préfère le froid des réfrigérateurs ; tandis que le petit diable de *Hot Sweet Hot* adore les fours brûlants.

ALESSI

Robert Venturi

« *En architecture, j'aime la complexité et la contradiction. Mais je déteste l'incohérence et le côté arbitraire des architectes incompétents, ainsi que les préciosités empoulées du pittoresque ou de l'expressionnisme. Je préfère l'hybride à la pureté, le compromis à la rigueur, ce qui est tordu à ce qui est droit, ce qui est ambigu à ce qui est articulé. Je suis pour la richesse plutôt que pour la clarté du signifié ; je suis pour le désordre plein de vitalité plutôt que pour l'évidence de l'unité ; j'accepte le non sequitur et je proclame le dualisme. Mais une architecture basée sur la complexité doit s'attacher tout particulièrement à l'ensemble ; elle doit tendre vers l'unité ardue de l'inclusion plutôt que vers l'unité facile de l'exclusion.* More is not less, *le plus n'est pas le moins.* »

▼ Conçu pour le projet *Tea & Coffee Piazza*, le plateau *The Campidoglio* (1985) reprend le pavement michélangelesque de la place romaine du Capitole, et en souligne l'extraordinaire jeu de perspective fait de cercles et d'éllipses.

Marco Zanuso

▲ La série de couverts *Duna* (1995) est notre seul projet de Zanuso, un créateur que je considère un peu comme le pape du design italien. *Duna* dérive du projet présenté lors du concours institué en 1960 par la firme américaine Reed & Barton: je me souviens parfaitement que Zanuso me décrivit l'originalité stylistique de ces couverts à la "taille cintrée", exactement comme les robes que portaient les jeunes filles dans les années 50.

ALESSI

Philippe Starck

" *Alessi est un marchand de Bonheur!* "

● Starck a commencé à travailler avec moi en 1986, à l'occasion de l'opération sur le design français intitulée *Projet Solférino*, organisée avec le Centre Pompidou et François Burchardt. Je ne peux m'empêcher de penser à Starck comme au designer *maudit* de cette fin de siècle. Ce créateur est l'exemple vivant de mon rêve: le design, le vrai, possède toujours une forte charge novatrice par rapport au monde de la production et du commerce, charge novatrice qui comporte des résultats dont la justification ne se résume plus à la technologie et au marché. Un véritable objet design doit communiquer des sentiments, réveiller la mémoire, surprendre, transgresser... il doit nous faire sentir que nous vivons là notre seule existence. Bref, il doit être poétique. Et le design est de fait l'une des expressions les plus poétiques de notre époque. Et je sais que ce grand visionnaire n'a pas fini de nous étonner !

▲ Starck "suspendu" aux crochets de son *Faitoo*. Protagoniste de la renaissance du design français, Starck n'hésite pas à partager le sort de ses objets à travers une audacieuse opération d'identification et de marketing.

◀ Bien que nourrissant une passion pour les objets de précision (comme *Coocoo*, le réveil-radio, à droite), Starck ne dédaigne pas les objets plus simples tels que la brosse à dents *Dr Kiss* et le cure-dents *Dr Kleen* (1998).

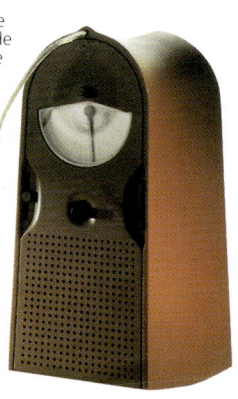

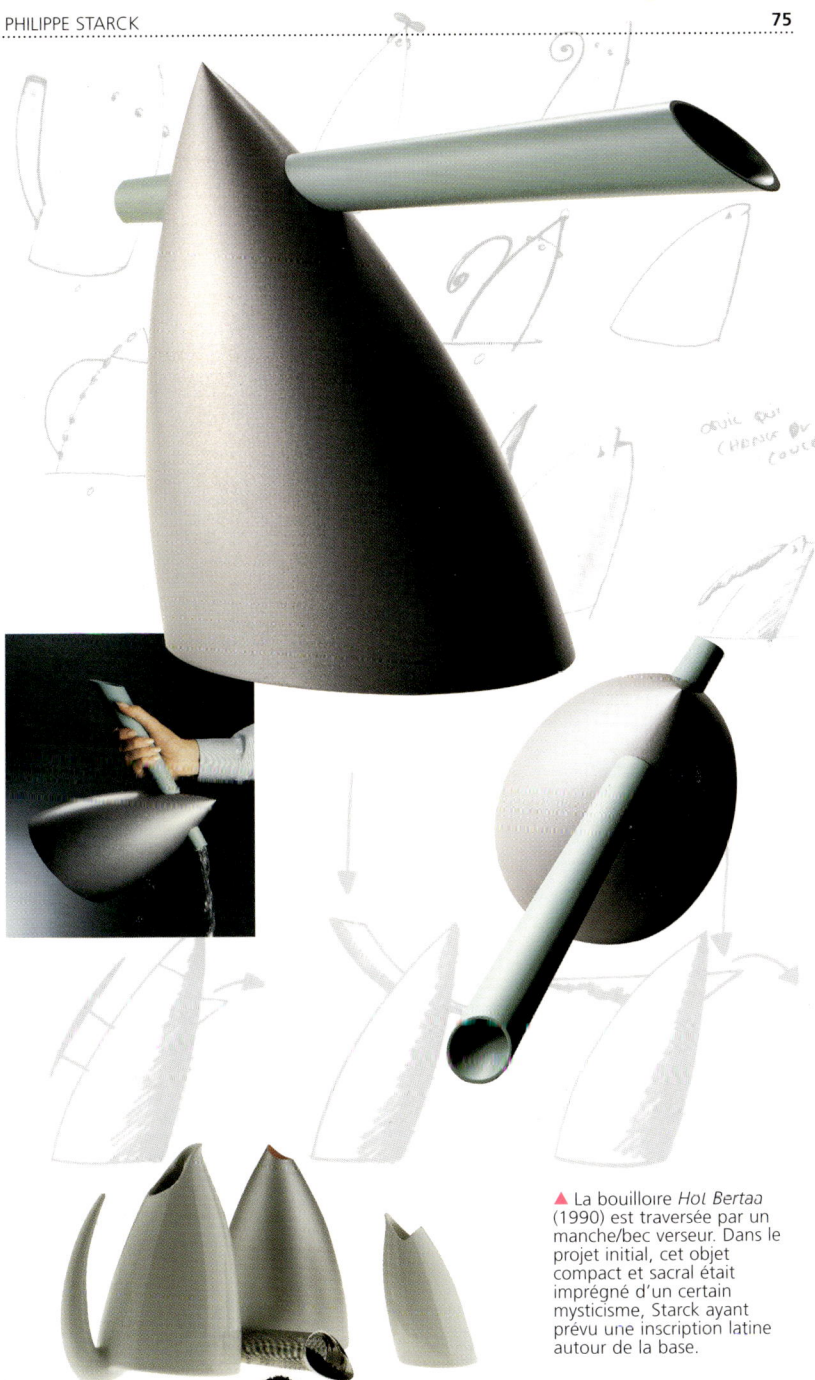

▲ La bouilloire *Hot Bertaa* (1990) est traversée par un manche/bec verseur. Dans le projet initial, cet objet compact et sacral était imprégné d'un certain mysticisme, Starck ayant prévu une inscription latine autour de la base.

ALESSI

◀ Les horloges sont un peu le dada de Starck, qui dégage les aiguilles du boîtier pour les libérer dans l'espace. Cette *Horloge murale* est composée de deux aiguilles et d'un mécanisme : à l'instar d'un cadran solaire, on déduit l'heure grâce à l'ombre qui se projette sur le mur (1990).

▲ Les projets de Starck ont, petit à petit, pris l'aspect et le nom de présences animées au sein de l'horizon domestique : voici *Max-le-chinois* ainsi que le mystérieux presse-citron aux longues pattes *Juicy Salif*, tous deux de 1990.

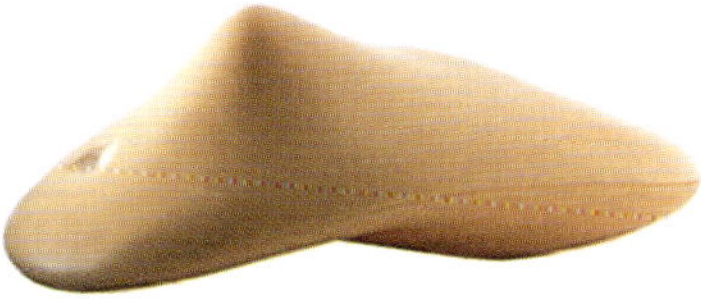

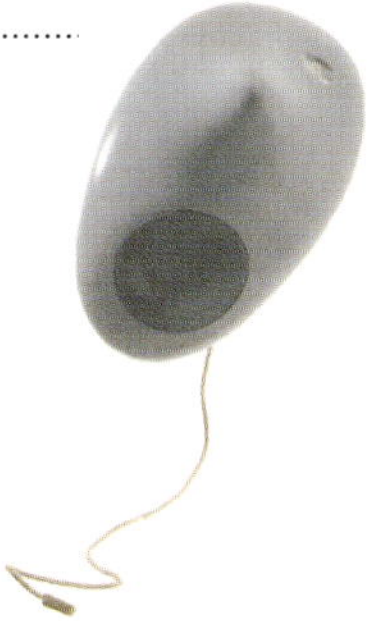

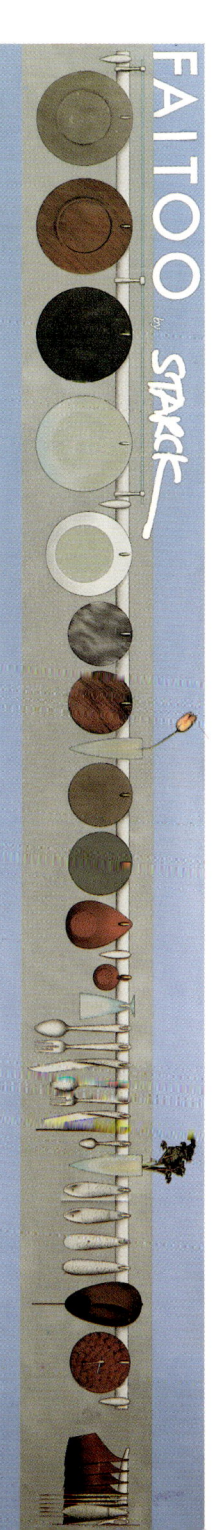

▲ C'est en 1996 que le support *Faitoo* a été créé. Il s'agit d'une sorte de barre que l'on fixe dans la cuisine pour y pendre toute sorte d'objets. Tout est à la portée de la main et de l'œil, ce qui simplifie la recherche – parfois un peu épuisante – des ustensiles.

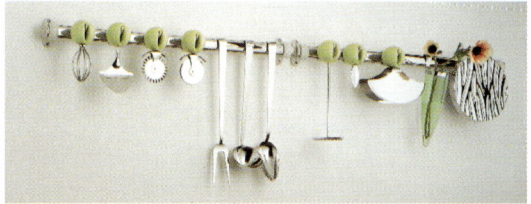

▲ *Voilà Voilà*... et le plateau accourt à toute vitesse sur ses petits pieds verts (1992).

▲ La *Pelle à tarte* est aussi solide et maniable que la truelle d'un maçon (1998).

▲ La silhouette unique de *Mister Meumeu* (1992) cache une rape à fromage dont la coque est en réalité une cuiller.

▼ La surface polie du *Centre de table* est soutenue par des "ministres", personnages à peine esquissés, gris ou orange, qui évoquent les dernières œuvres anthropomorphes de Starck (1996).

◀ La production
de Starck comprend
des mécanismes précis
(horloges ou radios) et
des objets apparamment
banals, comme le chasse-
mouches *Dr. Skud* qui
révèle, lorsqu'on l'agite,
un visage humain (1998).

▲ En 1996, nous avons racheté la petite
maison d'édition de Starck et Patricia. À cette
occasion, nous avons inséré dans notre
catalogue différents objets, dont le chandelier
O' Kelvin (1989), le cendrier *Joe Cactus* (1990)
et le marque-place *Berta Youssouf* (1987).

▲ *Dédé*, solitaire et
grassouillet, médite sur ses
suaves rondeurs d'aluminium
et sur sa fonction de butoir
(1996).

WELCOME

OFFICIN
ALESSI

Dédé
design Philippe Starck, (1994) 1996

ALESSI

Enzo Mari

" Les industries italiennes du design sont en réalité des métaphores de l'industrie. "

● Enzo Mari a une attitude critique à l'égard de notre société, unique dans le domaine très varié du design international. C'est sans aucun doute mon "maître paranoïaque", une sorte d'ange gardien qui se tient derrière moi et me désapprouve lorsque, selon lui, je fais quelque chose de mal !

Nous nous sommes connus vers la fin des années 70, lorsque je voulais introduire dans notre *Programme 7* le plateau *Arran* qu'il avait dessiné pour Danese. Je n'y parvins que vingt ans plus tard, en 1997. Au cours d'une conférence qui se déroulait à Paris, Mari exprima avec sa véhémence habituelle le concept que j'ai rapporté plus haut. La phrase me frappa : je la fis tout de suite mienne : ce fut le point de départ de la recherche théorique sur les "Ateliers du design italien". Je suis particulièrement heureux que Mari continue de construire sa famille au sein de notre catalogue. J'estime que ses critiques nous font du bien, et nous avons besoin de lui pour rectifier périodiquement notre cap qui, même au cœur de la tempête, doit toujours pointer au nord.

▲ *Ecolo* est le plus caractéristique des projets de Mari: ici, il transforme en vase des bouteilles en plastique.

▲ Mari aurait aussi voulu
fournir les bouteilles à
recycler, mais *Ecolo* se borne à
suggérer un "mode
d'emploi", ou mieux de
"réemploi", que l'auteur
expose également sous la
forme de performances.

▲ Comme le montrent ces
Porte-fruits et ces *Surtouts*,
Mari est en train de créer une
vaste gamme d'objets en
mélamine blanche ou bleue.

◀ La table *Standard* à deux
niveaux et trois roues (1989)
est l'un des accessoires
conçus et testés dans ma
"maison du bonheur".

ALESSI

◀ Les objets de cuisine en plastique témoignent du concept "absolu" de Mari de la production industrielle, à savoir la recherche d'archétypes où des silhouettes apparemment banales adhèrent pleinement à la fonctionnalité du quotidien.

▼ La présence de Mari chez Alessi, cela signifie également repenser des "classiques" à travers l'emploi de matériaux nouveaux. Un exemple éloquent : la *Corbeille en fil* d'acier inoxydable, l'un des piliers de notre production métallique, proposée ici en plastique.

▶ Ci-contre: les objets historiques dessinés par Mari pour Danese et figurant au catalogue Alessi depuis 1997. Au centre, le plateau rectangulaire *Arran* (1961), l'un des symboles du design italien.

▼ Ce *Jeu éducatif* consiste à
emboîter seize animaux : les
éléments sont en mousse de
polystyrène.

ALESSI

Twergi et Tendentse

Twergi

TWERGI

● Outre les métaux, la production traditionnelle de la Valle Storna est constituée de petits objets en bois pour la maison ou la cuisine. Désireux de renouer avec nos racines, nous avons acheté en 1988 *Battista Piazza 1865*, la plus ancienne entreprise de la vallée. Parallèlement à la reproduction de quelques objets historiques datant des premières décennies du siècle, nous avons redynamisé ce type de production : nos auteurs – même les plus jeunes – ont conçu de nombreux projets réalisés artisanalement avec plusieurs types de bois.

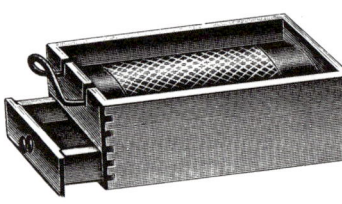

▲ La production de l'entreprise Piazza constituait le prolongement, au niveau manufacturier, de la production artisanale. Son symbole est un lutin appelé "twergi" dans la langue des Walsers. Le débonnaire esprit des bois a été redessiné par Milton Glaser qui l'a chaussé d'une minuscule paire de skis.

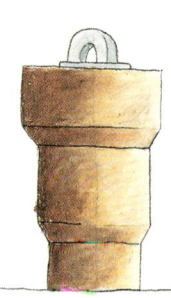

▲ Le *Moulin cuspidé* de Dalisi
veille sur le robuste *Plateau* en
bois de poirier de Graves qui
est également l'auteur d'un
Moulin à poivre très élancé.

◄ Sur ces pages, les ustensiles
"historiques" réalisés par
Ubaldo Piazza alternent avec
des objets contemporains.

► Le *Miroir* d'Ico Migliore et
Mara Servetto se retire devant
le petit globe de la *Lampe*
créée par Milton Glaser. Les
Porte-photos de Kuno Prey
assistent à cette rencontre.

▼ Ettore Sottsass est un passion-
né du bois de Twergi: c'est à lui
que nous devons tous les objets
de table reproduits ci-dessous.

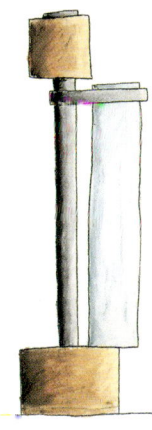

ALESSI

◀ Ces petits *Cadres* jumeaux s'inspirent des dessins animés et portent la marque de Guido Venturini (1992). Le *Porte-journal* en bois de cerisier est d'Ico Migliore et de Mara Servetto (1992). À gauche, la *Table roulante* en bois et acier d'Adalberto Pironi peut être reconverti en support-télé (1996).
En bas, la série d'objets, ornés de losanges, projetée avec un brin d'irrévérence par Andrea Branzi (1991-1994).
Les dessins renvoient à des projets de Sottsass, créateur attentif aux moindres détails de l'art de la table comme en témoignent le *Coquetier*, les *Bouchons* ou les *Ronds de serviette*.

Tendentse

Tendentse, une petite société d'édition d'objets fondée à Livourne, a pour objectif d'encourager la recherche fondamentale dans le domaine du néo-artisanat de la majolique et de la porcelaine. De la première collection font partie des projets – maintenant hors catalogue – de Branzi, Cibic, De Lucchi, Gili, Mendini, Morozzi, Mutoh, Nannetti, Nardi, Natalini, Puppa, Raggi, Shama et Tarshito ainsi que de Sottsass. La société Tendentse a été intégrée à Alessi en 1989.

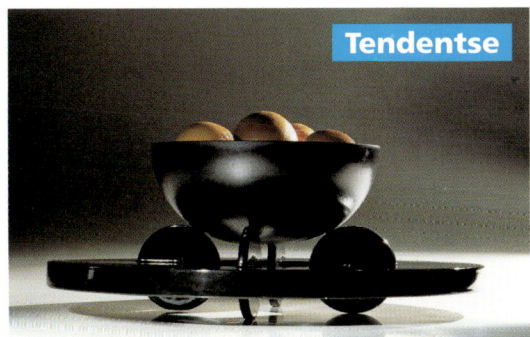

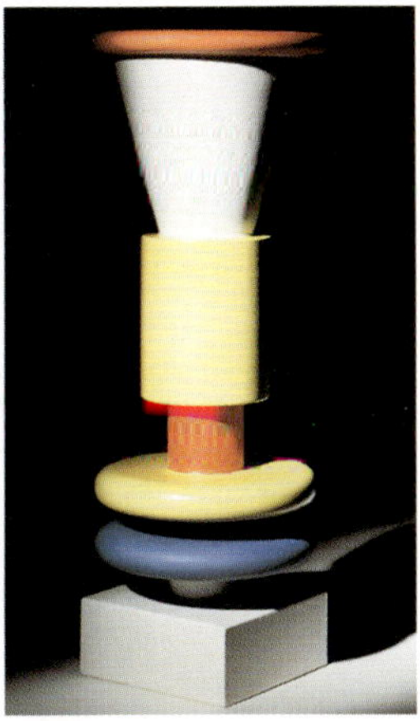

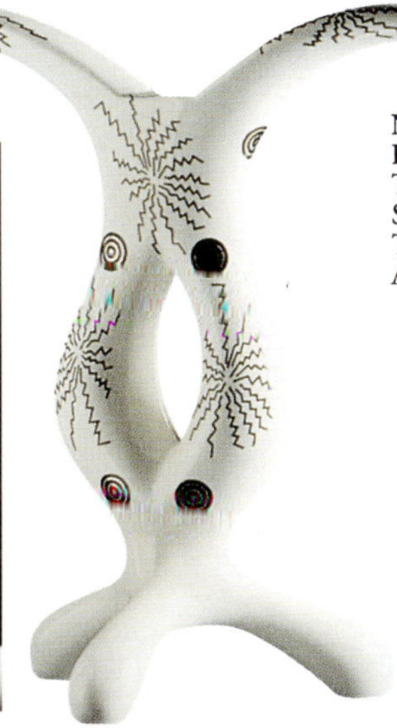

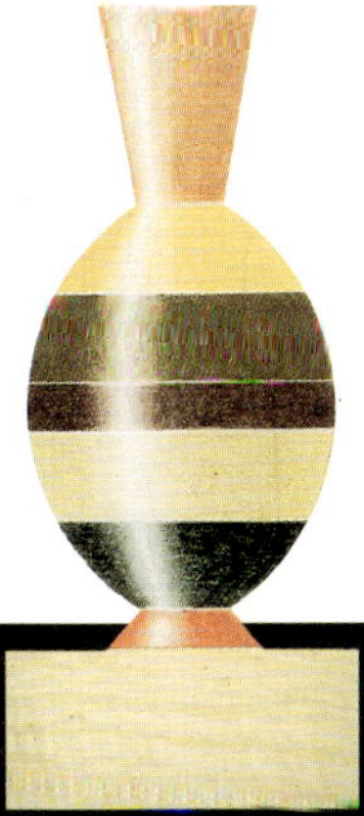

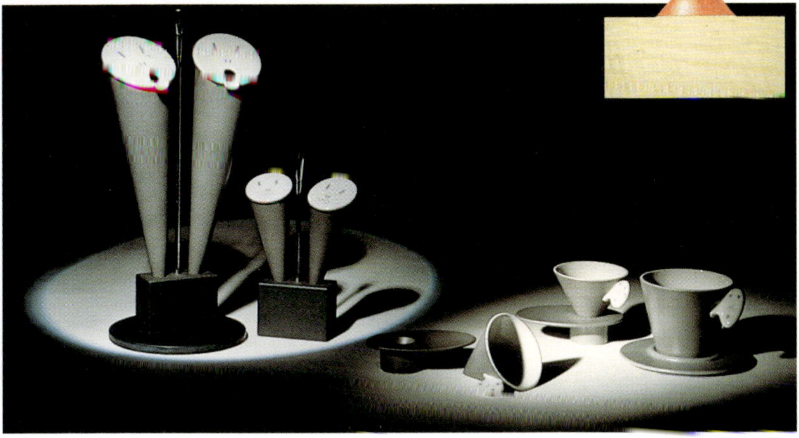

100% Make Up

● Le méta-projet de cette opération menée par Alessandro Mendini, envisage la production d'un atelier esthétique idéal, entendu comme une multiplication des âmes à travers une séquence de créatures esthétiques se ressemblant les unes les autres. Afin de saisir la différence sous l'identique, cent auteurs ont travaillé sur une seule forme. En 1992, on a produit cent exemplaires de chaque projet numérotés de 1 à 10.000 et signés par tous les auteurs à la fois.

❝ Les décors sont comme des poissons dans la mer, ils existent même si on ne les voit pas. ❞

▲ Mendini a élaboré le vase-type couleur or. Il a aussi imaginé avec ironie différents décors et projets d'installation pour ces cent vases, ceci à partir des modèles de série ou d'exposition.

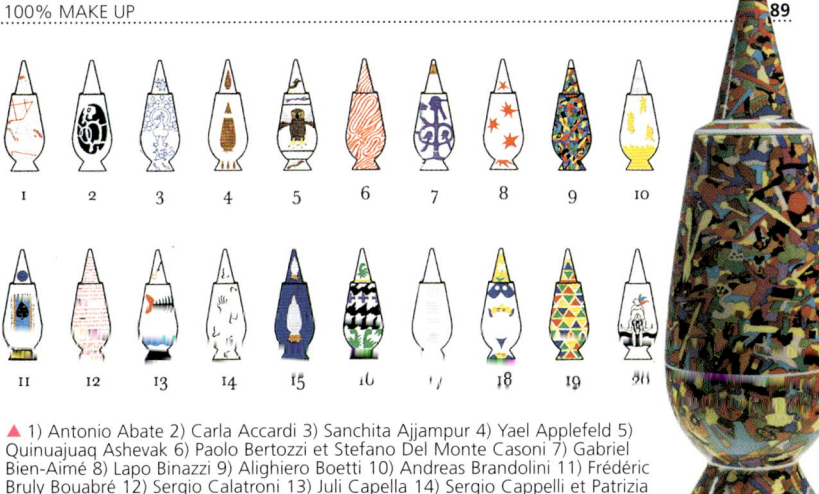

▲ 1) Antonio Abate 2) Carla Accardi 3) Sanchita Ajjampur 4) Yael Applefeld 5) Quinuajuaq Ashevak 6) Paolo Bertozzi et Stefano Del Monte Casoni 7) Gabriel Bien-Aimé 8) Lapo Binazzi 9) Alighiero Boetti 10) Andreas Brandolini 11) Frédéric Bruly Bouabré 12) Sergio Calatroni 13) Juli Capella 14) Sergio Cappelli et Patrizia Ranzo 15) Nigel Coates 16) Cocktail 17) Gianni Colombo 18) Riccardo Dalisi 19) Nicola De Maria 20) Jan Digerud

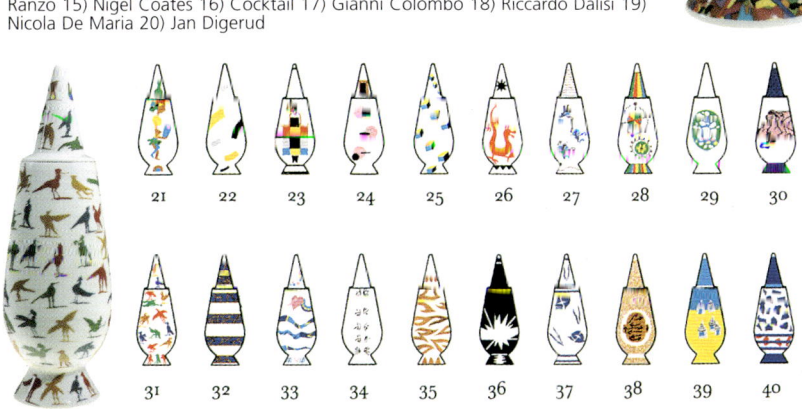

▲ 21) Emmanuel Ekefrey 22) Brian Eno 23) Ellinor Flor 24) Dan Friedman 25) Elisabeth Fritsch 26) Piero Gaeta 27) Giorgio Galli et Beatrice Santiccioli 28) Louise Gibb 29) Piero Gilardi 30) Anna Gili 31) Milton Glaser 32) Michael Graves 33) Maria Christina Hamel 34) Jan Mohamed Hanif 35) Pitt Heinke 36) Yoshiki Hishinuma 37) Susan Holm 38) Yong Ping Huang 39) Aussi Jaffari 40) Christer Holmgren

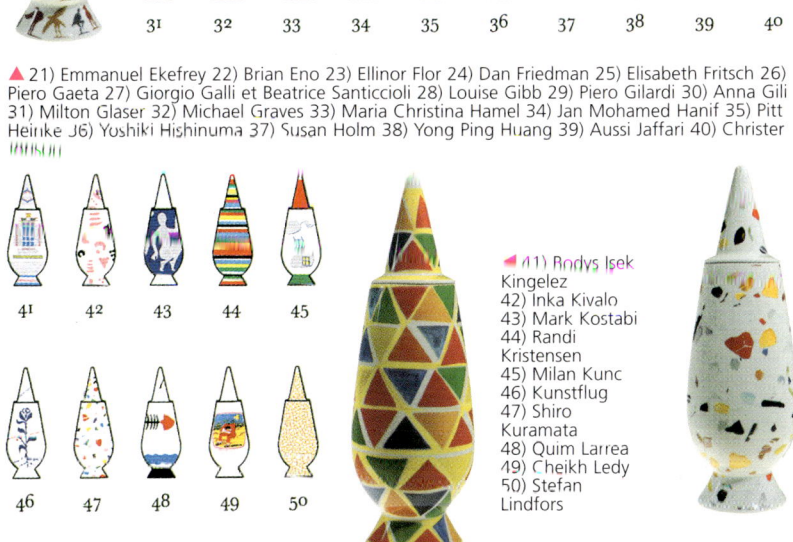

◀ 41) Bodys Isek Kingelez 42) Inka Kivalo 43) Mark Kostabi 44) Randi Kristensen 45) Milan Kunc 46) Kunstflug 47) Shiro Kuramata 48) Quim Larrea 49) Cheikh Ledy 50) Stefan Lindfors

ALESSI

51 52 53 54 55 56 57 58 59 60

61 62 63 64 65 66 67 68 69 70

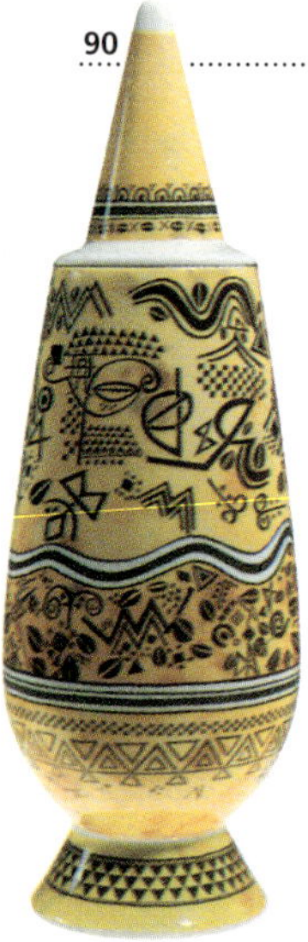

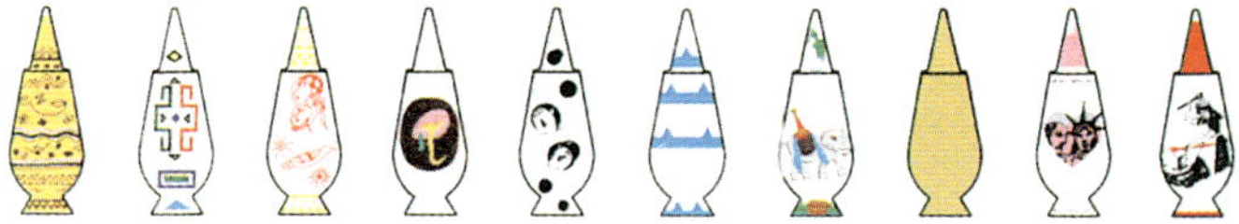

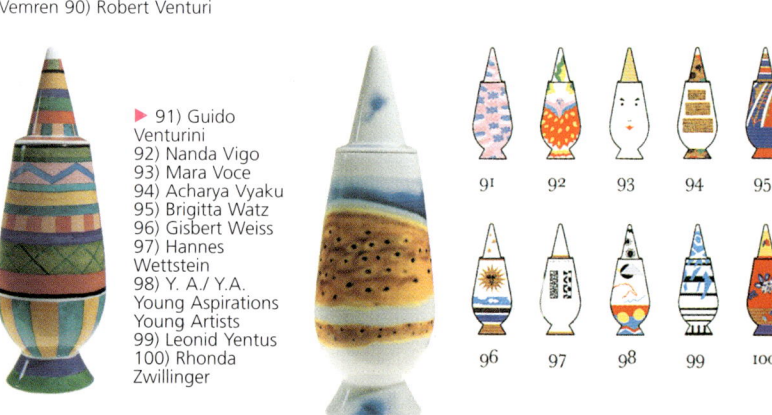

▲ 51) Kamba Luesa 52) Esther Mahlangu 53) Valente Malangatana 54) Karel Malich 55) Massimo Mariani 56) Giusi Mastro 57) Kivuthi Mbuno 58) Alessandro Mendini 59) Antonio Miralda 60) Sergheij Vladimir Mironenko 61) Alexandre Mocika 62) Paola Navone 63) Sinya Okayama 64) Luigi Ontani 65) Eikki Orvola 66) Salcido Javier Perez-Gil 67) Eduardo Pla 68) Plumcake 69) Giorgio Rava 70) Ravage

71 72 73 74 75 76 77 78 79 80

81 82 83 84 85 86 87 88 89 90

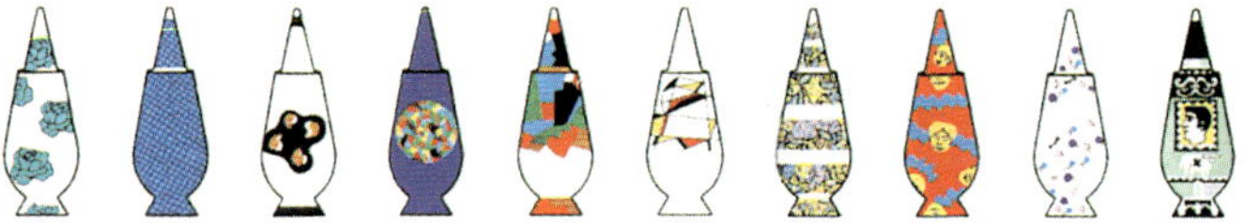

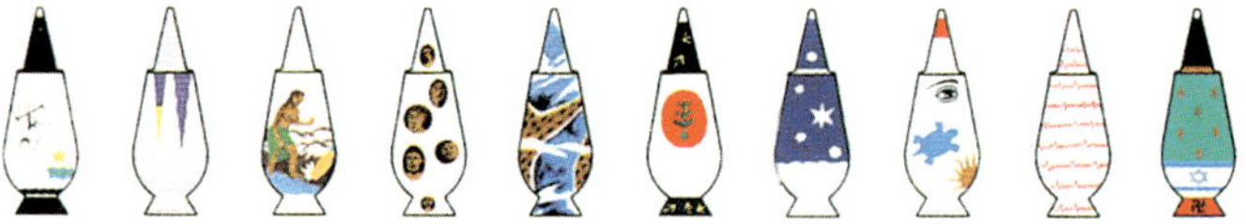

▲ 71) Ronaldo Pereira Rego 72) Roberto Remi 73) Cheri Samba 74) Andreas Schulze 75) Suresh Sethi 76) Raja Babu Sharma 77) Jari Silvennoinen 78) Ettore Sottsass Jr. 79) Gregorio Spini 80) Philippe Starck 81) Peter Struycken 82) Sybilla 83) Guillermo Tejada 84) Cyprien Tokoudagba 85) Dagmar Trinks 86) Maurizio Turchet 87) Twins Seven Seven 88) Masanori Umeda 89) Hilde Vemren 90) Robert Venturi

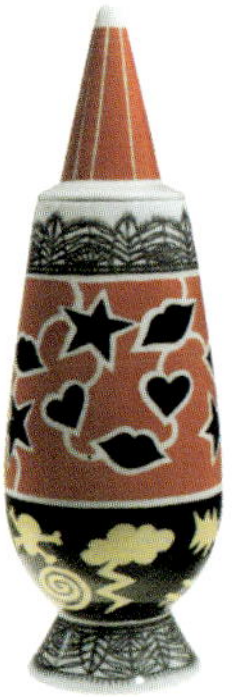

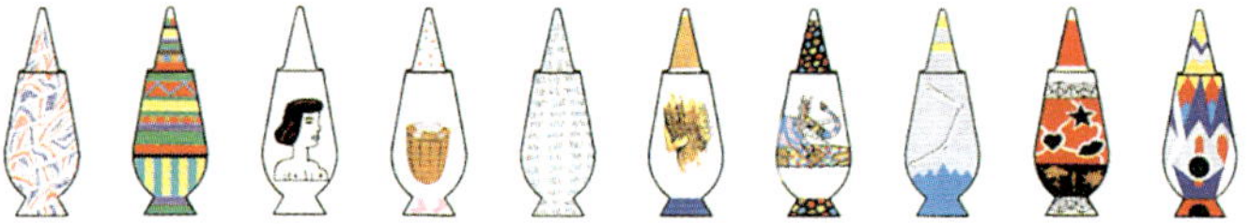

▶ 91) Guido Venturini 92) Nanda Vigo 93) Mara Voce 94) Acharya Vyaku 95) Brigitta Watz 96) Gisbert Weiss 97) Hannes Wettstein 98) Y. A./ Y.A. Young Aspirations Young Artists 99) Leonid Yentus 100) Rhonda Zwillinger

91 92 93 94 95

96 97 98 99 100

La famille King-Kong

ALESSI: UNE DYNASTIE D'OBJETS
TYPES, PROTOTYPES, PETITES SÉRIES, FIASCOS,
SUCCÈS, DE 1921 À 1994.
Hôtel de Coislin
6, rue de Varenne - Paris

" On n'en peut plus des créateurs cultivés comme Mendini ou Branzi : il faut au moins être un architecte diplômé pour comprendre ce qu'ils dessinent... On aimerait dessiner des choses appréciées par Leo Castelli mais aussi par Monsieur Tout-le-Monde. "

● À la fin des années 80, Alessandro Mendini – précieux promoteur de nouveaux talents – me signale avec sa discrétion habituelle deux jeunes architectes florentins. Stefano Giovannoni et Guido Venturini m'apportèrent, très émus, une série d'esquisses. C'étaient deux gars très curieux et je sentais que leur poétique élémentaire et ludique s'inspirant souvent du langage des dessins animés, pourrait donner des résultats intéressants.
Je leur fis visiter l'atelier de production en essayant de leur transmettre autant d'informations que possible sur notre entreprise, nos aspirations et nos possibilités. Ils m'écoutèrent avec beaucoup d'attention et revinrent avec un book entier de notes pour des projets.

▶ Je repérai parmi leurs dessins un plateau tout simple dont le bord était percé d'une guirlande de petits bonshommes comme ceux que les enfants découpent dans du papier. Ce projet, intitulé *Girotondo*, fut mené sans difficulté ni passion particulière : personne n'aurait imaginé que nous tenions là notre plateau best-seller!

Les petits bonshommes
des King-Kong ont fait
leur apparition sur des
objets "normaux"
appartenant à la plus
lointaine tradition Alessi
comme les *Corbeilles* ou
les *Plateaux* ajourés. Ils se
sont ensuite multipliés :
les bonshommes ont ainsi
envahi des territoires
inconnus (comme le plan
du bureau) et sont allés
orner *Porte-crayons* et
Signets.

Je pense que, malgré leur flair indéniable et leur grand talent, les King-Kong ont eu une chance de cocu. Ils avaient déniché le "filon ludique" et compris l'importance de travailler sur des "codes affectifs". Mais ce projet était surtout arrivé à point nommé et il figura immédiatement au catalogue Alessi.

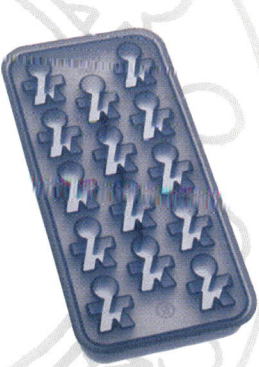

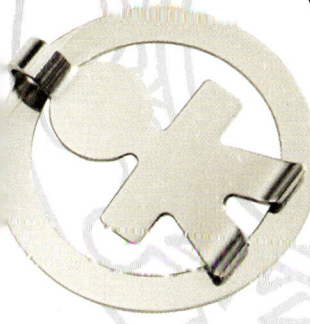

Avec le recul, je dirais qu'il s'est agi d'un cas typique d'application du "code enfantin" au sein d'un catalogue jusqu'alors caractérisé par le prestige et le style des chefs-d'œuvre de nos grands auteurs : une sorte de contrepoids au talent de Rossi, Graves ou Starck.

▶ Parallèlement à la famille – de plus en plus nombreuse – des "petits bonshommes", une autre série a fait son apparition en 1994 : elle comprend *Paniers*, *Porte-fruits*, *Plateaux* et *Porte-gressins* de différentes tailles ajourés à l'aide d'un motif de triangles et de losanges.

Le CSA et les jeunes

LAURA

" *Définir cette 'Officine' n'est guère facile : fertile, souple, c'est le lieu où, comme dans les contes de fées, tout semble possible mais où l'on n'arrive à percevoir ni un début ni une fin...* "

● Le *Centro Studi Alessi* est né en 1990 et possédait une double mission : élaborer des apports théoriques sur des thèmes liés à l'objet et coordonner le travail que j'avais l'intention d'entamer avec les jeunes designers. Jusqu'alors, Alessi avait travaillé exclusivement avec des "grands auteurs" et je sentais le besoin d'assumer mes responsabilités vis-à-vis du jeune design naissant. Laura Polinoro, qui me fut suggérée par Mendini, a exercé dans ce sens une activité précieuse.

CENTRO STUDI ALESSI

ALESSI AND ITS RESEARCH CENTRE

RESEARCH OF NEW PROCESSES OF POLICIES MANAGEMENT PROCEDURES PRODUCTION

PROGECT EVALUATION GRILLE

WORKSHOP

METADESIGN

FORMS TYPOLOGIES PSYCHE FETISH LANGUAGE

EXPERIMENTS RESEARCH

SEA OF OBJECTS

COMPANY

AUTOMATIC FACTORY

NEO-WORKSHOP

MATERIALS TECHNIQUES COSTS

RESEARCH CENTRE

DESIGNERS' SEA

CUSTOMERS

GLOBAL EXPECTATIONS

◄ Ces images évoquent l'atelier qui s'est tenu à la Helsinki University of Industrial and Applied Art en 1996.

Laura a apporté chez Alessi son intuition et sa formation de sémiologue à l'école d'Umberto Eco et de Fabbri. Elle me rappelle souvent Marianne Brandt, la première femme ayant travaillé dans les années 20 à la Metallwerkstatt de la Bauhaus. C'est grâce à Laura qu'Alessi entreprit un parcours ardu consistant à sortir de la rhétorique où se complaisait un certain design italien passablement figé. Par son entremise, nous avons introduit chez Alessi des disciplines comme l'anthropologie et la sémiologie. Au bout de neuf ans, en 1998, le CSA a été transféré à Crusinallo.

◄ Dans le cadre du CSA, l'activité de management du design se déroule principalement lors des ateliers et des séminaires de création avec les étudiants (en collaboration avec des facultés d'architecture, des écoles d'art et de design) et avec des groupes de designers. Cette activité se tient aux quatre coins du monde et nous avons organisé des ateliers en Argentine, en Angleterre, au Japon, au Brésil, au Costa Rica, aux États-Unis, en Australie, en France, en Allemagne, en Finlande, en Autriche... et même dans les îles de la mer Égée.

ALESSI

À partir de 1990, je me suis moi aussi impliqué dans cette tâche passionnante : ces photos évoquent l'atelier de la Miami University en 1996. Chaque année, j'essaie en effet de trouver le temps de me consacrer à deux ateliers. J'ai découvert que j'aimais enseigner aux jeunes certains aspects de mon métier. Et puis je suis curieux de savoir ce qu'ils pensent de nous, de ce que fait Alessi. En outre, il ne faut pas oublier que le but de ces ateliers n'est pas seulement didactique. Ils comportent également une importante dimension pratique puisqu'on y réalise de vrais projets dont on vérifie la compatibilité avec une éventuelle mise en production. Bref, il s'agit d'un moment important où Alessi s'ouvre au concept de méta-projet et à la création d'une structure de recherche mentale.

▲ Ces deux photos illustrent
les projets de Stella Böß (les
brûle-parfums *Entia* et
Challengen) et de Christian
Jurke (la bouilloire électrique
Cristal in *Amberg*) dans le
cadre de l'atelier que je dirige
avec Andreas Brandolini à la
Hochschule der Bildenden
Künste de Sarrebruck (1994-
1995).

Memory Containers **Projet créole**

● Ça a été le premier méta-projet coordonné par le CSA, et cette étape représente l'ouverture d'Alessi aux jeunes designers, ou mieux, aux jeunes femmes designers puisque, dans une première phase, 200 créatrices de moins de 30 ans venues du monde entier ont en effet été invitées. Les questions qu'elles nous posaient étaient les suivantes: quelles sont les compétences de l'objet? Comment naissent et se transforment les objets lorsqu'ils passent d'une culture à l'autre? Qu'est-ce qui change dans leur forme, dans leur perception ou leur utilisation? Comment un objet devient-il un sujet culturel? La recherche concernait les archétypes liés à l'acte d'"offrir" la nourriture et à ses rituels. L'inspiration renvoyait à la mémoire d'une culture ou d'une expérience personnelle. L'objectif était de réaliser un projet "créole", un clonage in vitro de ce qui, en temps normal, est le résultat beaucoup plus lent de la rencontre de cultures différentes.

◀ En pleine action: *Inneres Feuer*, le chauffe-plats à bougie imaginé par Vera Purtscher (1997).

▼ Kristiina Lassus est l'auteur de *Tundra*, un poétique dessous-de-plat orné de rennes (1995).

◀ Page de gauche: le *Verre* bosselé d'Anna Gili, le porte-fruits *Helmut* de Cecilia Cassina, la coupe-centre de table *Chimu* de Joanna Lyle, et le *Panier ajouré* de Susan Cohn (1992-1994).

▶ Ci-contre : les trois boîtes *Kalistò* de Clare Brass. En dessous, le *Brasero*, un chauffe-plats à bougie dessiné par Maria Sanchez. À côté, *Tin man*, une boîte en métal à pommeau de bois de Constantin Boym (1992-1994).

ALESSI

Memory Containers **Projet biologique**

cucchiaino per spazzo polvere

◄ Le rapport entre l'acier et le verre est le protagoniste du *Projet biologique*. Ci-contre, la *Boîte à biscuits* de Pierangelo Caramia et le *Doseur à miel* de Theo Williams (1995). En dessous, les *Récipients* de Johanna Lyle. En bas, sous la rape *Parmenide* d'Alejandro Ruiz, *Oggetto dell'equilibrio*, un set pour parfumer la maison (1996).

piccoli magneti ?

● Dans ce deuxième chapitre, nous explorerons une nouvelle direction de recherche: la découverte du Ça, au sein d'une idée première de perception davantage liée à l'intuition et à la capacité de réception ainsi qu'à l'expression de différentes cultures à travers des langages stylistiques. Notre ambition est de découvrir de nouveaux rapports entre la règle et le projet: l'objet vivant et vibrant dépasse le conflit opposant l'homme à la culture.

● Ce projet – né en 1991 – a pour but d'explorer la structure affective des objets à travers une recherche plus approfondie que celle que nous avions menée jusque-là là. Nous étions intéressés par les exigences humaines les plus délicates, intimes, sensorielles. Les objets sont devenus des instruments ludiques : ils évoquent des petits contes de fées, proposent des réponses fascinantes à l'usage commun, suggèrent une médiation avec le jeu, jettent un pont vers le fantastique.

Family Follows Fiction

▲ La cafetière *Mix Italia* (1993) a été l'un des derniers projets communs du duo King-Kong.

▶ De par sa forme allusive *Penguin Tea* (1993) et son *Happy Egg* suscite un sentiment d'empathie et de confiance. Il s'agit d'un des objets-symbole de F.F.F. En haut, les objets de Venturini et Giovannoni relèvent de la même recherche.

ALESSI

Nous nous sommes inspirés
de la pensée de Winnicott
sur les "objets
transitionnels" et de la
"théorie des codes affectifs"
de F. Fornari. Nous voulions
reproduire le processus de
création et d'animation de
l'objet commun au monde
des enfants et aux cultures
primitives, en dépassant un
discours esthétique,
stylistique et culturel.

▶ Les héros de ces pages sont
les amusants diablotins *Ouvre-
bouteilles* de Biagio Cisotti
(1994), les petites créatures
rieuses de Mattia Di Rosa
(*Bouchons*, *Ronds de serviette*,
Bocaux, le plateau à gâteaux
Bimboveloce), le porte-photos
Miamor d'Enrica Zanzi (1996) et,
en haut, la version en résine
colorée du célèbre *Sucrier* de
Christopher Dresser (1864).

▶ Un autre produit-
personnage de F.F.F. lancé en
1998 : il s'agit du *Folpo* – qui,
en dialecte vénitien signifie
poulpe comme le suggèrent
les tentacules de cette petite
pieuvre domestique – un
batteur/mesureur en verre
conçu par Marta Sansoni

ALESSI

▶ Le caractère ludique des dessins animés inspire la récente série pour la cuisine comprenant *Tabliers, Gants* et *Sets de table* décorés par Javier Mariscal, Massimo Ciacon et Sergio Cascavilla (1997).

Stefano Giovannoni

" *Mais c'est qui ce Michael Graves? C'est tout de même pas un designer!* "

● Concepteur méthanoïque par excellence, Stefano – qui ressemble vaguement à un ours en peluche – cache derrière un physique qui semble aux antipodes de celui d'un designer à succès, l'un des talents les plus explosifs qu'il m'ait été donné de rencontrer. Il n'apprécie pas que nous le classions parmi les "jeunes": il se sent appartenir à l'Olympe du design et veut se joindre immédiatement au groupe des maîtres... Ce qui arrivera sans nul doute, même si Stefano est un peu grognon et impatient.

◀ Les boîtes à gâteaux *Mary Biscuit* et la balance de cuisine *Molly* expriment une douceur liée à leur rondeur. À l'instar de ces présences aussi discrètes qu'aimables, je suis persuadé que tous les objets de Giovannoni nous regardent affectueusement avec le sourire mystérieux et bienveillant de la *Joconde*. Ce sourire est lié au sentiment de la beauté qui, à l'âge adulte, émeut le cœur humain. Qui, lorsqu'on tombe amoureux ou qu'on contemple une belle chose, semble se rattacher, à travers une intense relation visuelle, au visage de la mère comme expression de la béatitude intra-utérine (Fronton, 1980).

ALESSI

▲ Les dessous de plat de la série *Coins* simulent une grosse pièce de monnaie aux inscriptions éloquentes.

▶ Une recherche de Marco Migliari et Marco Millozza sur le type et le caractère des épices (en poudre, en feuilles, en grains, en morceaux) a conduit à la création d'un jardin botanique de table. Les *Happy Spices* de Giovannoni ont un couvercle évoquant leur contenu : noix de muscade, clous de girofle, piment, persil, origan, laurier, basilic…

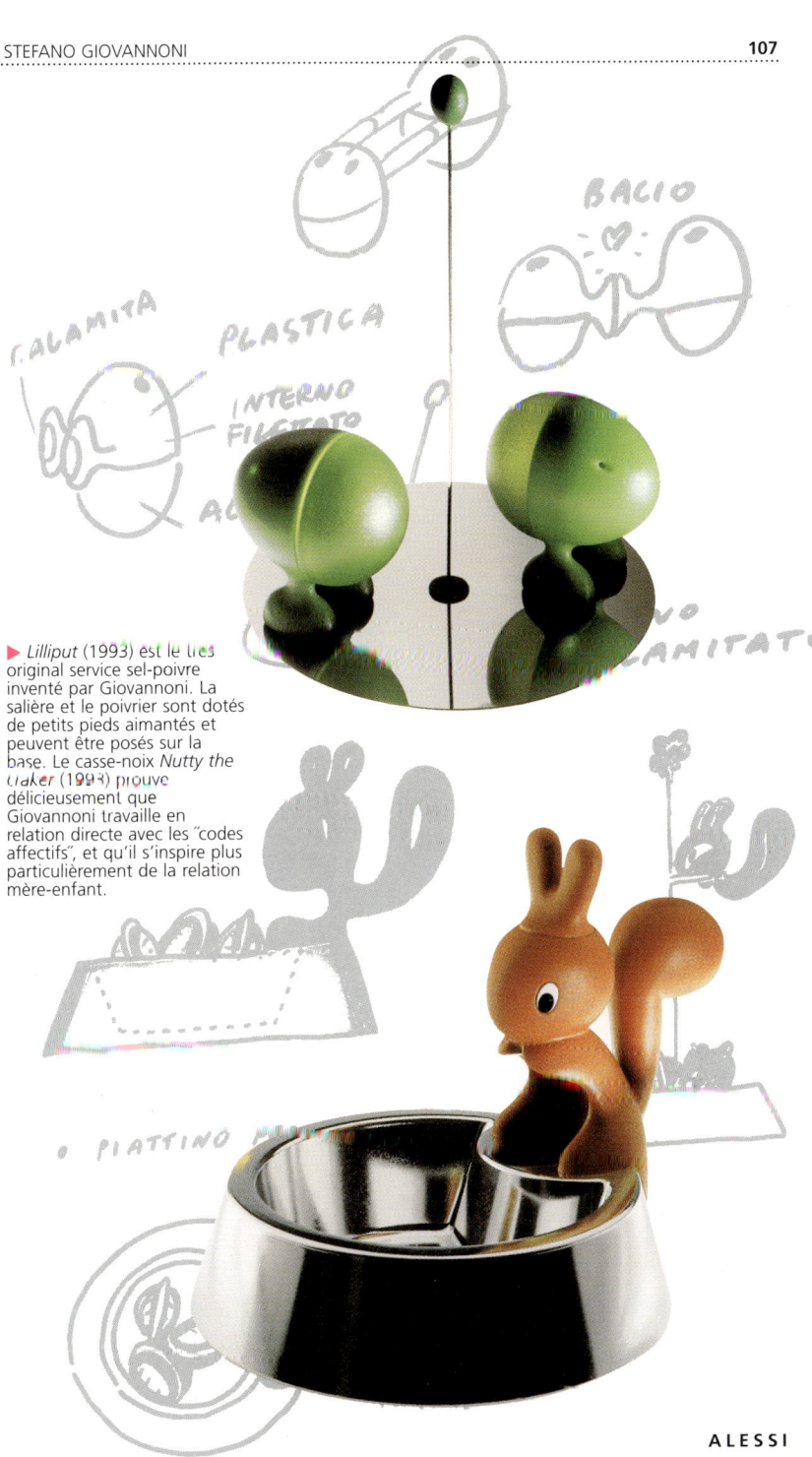

▶ *Lilliput* (1993) est le très original service sel-poivre inventé par Giovannoni. La salière et le poivrier sont dotés de petits pieds aimantés et peuvent être posés sur la base. Le casse-noix *Nutty the cracker* (1993) prouve délicieusement que Giovannoni travaille en relation directe avec les ″codes affectifs″, et qu'il s'inspire plus particulièrement de la relation mère-enfant.

ALESSI

▼ La main accueillante de *Fruit Mama* soutient-elle les fruits ou un "nouveau pommier" ? De toute évidence, il s'agit d'un personnage fortement typé que Giovannoni veut animer dans la maison à travers mille présences (1993).

▶ L'effet "cartoon" atteint son apogée avec le célèbre *Merdolino* (1993). Giovannoni affronte sans hésitation un objet indispensable mais "tabou" – à savoir la balayette pour toilette – en le transformant en un pot étroit dont sort un long arbuste évocateur.

Guido Venturini

● Guido est un explorateur convaincu de la "zone d'ombre" et ses objets sont des personnages très expressifs: comme hagards, hors normes, vaguement monstrueux mais jamais menaçants, ils semblent demander notre aide. Guido s'interroge beaucoup sur le rôle du designer dans notre société et il est conscient des contradictions de notre travail: j'aime interpréter son œuvre comme celle d'un gentil contestataire. Allez, Guido! Si tu ne te perds pas en route, on ira loin!

▼ Le robuste *Antonio* montre ses muscles de portemanteau culturiste (1997).

❝ *Il y a des domaines d'expression tels que l'art, la musique et le cinéma qui permettent de révéler des choses méchantes, laides, violentes qui cependant, de par leur nature, deviennent libératoires. Le design ne présente généralement pas ces occasions...* ❞

ALESSI

Alessi gioca col fuoco.

E con l'acqua.

E con il pepe.

E con le noci.

E con i tappi.

E con il sale.

E con la frutta.

ALESSI

◀ Cet allume-gaz s'appelle
Firebird (Oiseau de feu) mais il
ne s'agit pas d'un hommage
à Stravinskij, le terme
"oiseau" ayant, en italien,
une signification parfaitement
évoquée par cet objet, le plus
"courageux" du catalogue
Alessi (1993).

◀ Le presse-ail *Nonno di Antonio* et le thermos *Fred Worm* (1997). L'effet anthropomorphe des projets de Guido est si puissant que nous avons reçu l'autre jour un e-mail de Dallas au Texas : un certain Fred Worm nous demande de lui payer des droits pour l'exploitation de son nom…

◀ *Gino Zucchino* est une saupoudreuse. *Gino* est devenu si célèbre chez Alessi qu'il en est devenu une sorte de "nain de jardin" (1993).

ALESSI

Les rééditions historiques

● Si l'on considère l'histoire des arts appliqués, et surtout celle des petits objets ménagers, on est toujours surpris par la substantielle fixité des archétypes : une coupe, un vase ou une cuiller sont toujours le fruit d'un projet virtuel évoluant depuis des temps immémoriaux grâce à des centaines de créateurs pour la plupart anonymes. La quasi totalité des objets dont nous nous occupons ont des origines très anciennes et sont fortement influencés par le rituel, la mémoire et l'imaginaire collectif. Ce chapitre réunit des prototypes d'importants designers ainsi que des projets venus du passé témoignant de moments créatifs et d'étapes historiques.

◀ Avec l'aide d'architectes et d'archéologues napolitains, en 1997 nous avons reconstruit en acier et dans ses dimensions réelles le plateau soutenu par un petit bronze représentant un vendeur romain de galettes. Cet objet, retrouvé dans la *Maison de l'Éphèbe* à Pompéi, est conservé au Musée Archéologique de Naples.

▶ Héraut du tournant moderniste qui a marqué la culture de l'objet et l'architecture finnoise, Saarinen (1873-1950) avait du design une vision unitaire. À travers l'utilisation de formes géométriques simples (adoptées, entre autres, à la fabrication industrielle), Saarinen a poussé très loin le concept de "paysage domestique". Le *Service à thé avec samovar* – reproduit par l'Officine Alessi en 1987 – représente l'un des archétypes du design américain.

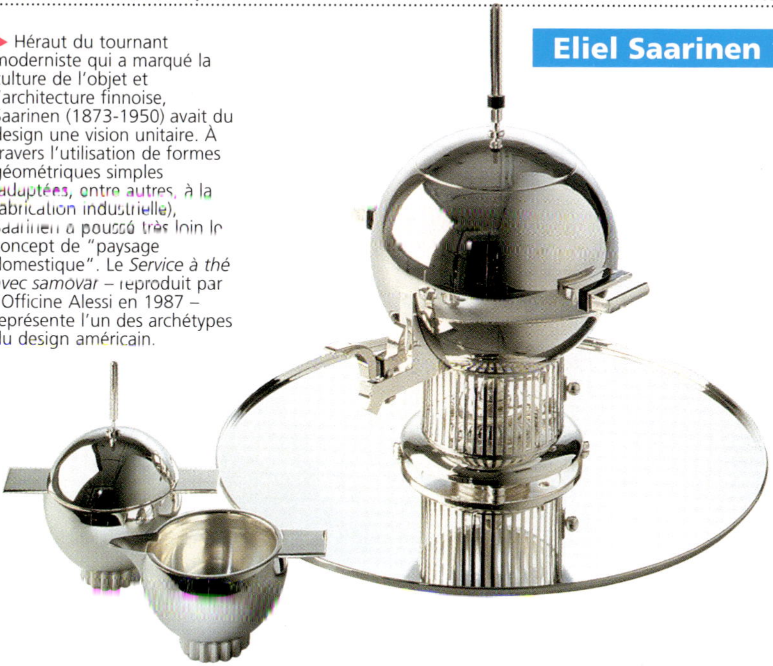

Piero Bottoni

◀ Caractérisée par un rationalisme élégant et radical, cette *Bonbonnière modulaire* (1991) – à la fois classique et pratique, dessinée en 1928 – est emblématique de la culture de Bottoni. La transformation – à travers la superposition de ses éléments – d'un objet composé d'un cercle et d'un cône en une forme vivante est particulièrement évocatrice.

ALESSI

Christopher Dresser

▲ Les nombreux objets pour la maison créés par Dresser (papiers peints, meubles, bibelots en métal et en céramique, verreries, tissus) montrent combien il était en avance sur son temps.

▲ L'anglais C. Dresser (1834-1904), illustre botaniste et spécialiste des arts décoratifs, a peut-être été le premier designer industriel au sens moderne du terme. À la différence de ses contemporains de Arts & Crafts, Dresser accepta sans réserve toutes les implications de la production en série, sans pour autant renoncer à dessiner des objets artisanaux audacieux et visionnaires.

▶ La linéarité
fonctionnelle des
objets de Dresser
semble anticiper
l'esprit du Bauhaus.

▲ Dresser est un superbe
exemple de la "transgression
modérée" que je recherche
tant en design. Ses projets
prouvent qu'il connaissait les
techniques de la production
en métal mieux que n'importe
quel designer de la maison
Alessi. Ce n'est pas un hasard
si deux des objets que nous
avons choisi de "republier"
s'adaptent parfaitement à
l'acier inoxydable utilisé
aujourd'hui.

Dresser n'a cependant jamais
accepté la technique comme
finalité. Il la met
constamment à l'épreuve, la
plie à la recherche de
résultats constructifs et
expressifs plus élévés, et
parvient même à des
résultats inquiétants tels que
la *Théière* triangulaire dotée
de petites pattes. Ses objets
témoignent d'une ouverture
intellectuelle et
professionnelle inouïe.

Staatliches Bauhaus

● Fondée par Walter
Gropius à Weimar en 1919,
cette école d'arts majeurs et
appliqués fut ensuite
dirigée par Hans Meyer et
Mies van der Rohe. Le
Bauhaus est l'un des
laboratoires historiques du
design et Alessi se reconnaît
particulièrement dans la
mission qu'il s'était donnée.
Les rééditions de cette page
sont signées Hans
Przyrembel,
Marianne
Brandt,
Otto
Rittweger
et Josef
Knau.

◀ La grande qualité de
ses personnalités, la
tentative de développer
une pratique basée sur
le principe "Art et
technique : une
nouvelle unité" au
moment même où se
posaient pour la
première fois les
problématiques sur la
reproductibilité de
l'œuvre d'art, l'hostilité
des conservateurs puis
du régime nazi sont à
l'origine du mythe
Bauhaus, mouvement
moderne d'architecture
et de design.

▶ Ces projets ont été créés par l'Officine Métaux du Bauhaus entre 1924 et 1930, notamment sous la direction de László Moholy-Nagy (ici avec Marianne Brandt). Reproduits avec l'autorisation du Bauhaus Archiv de Berlin, ces objets ont été choisis car représentatifs du climat créatif de l'époque. Ils s'adaptent en outre à la technologie et à l'esprit de notre temps.

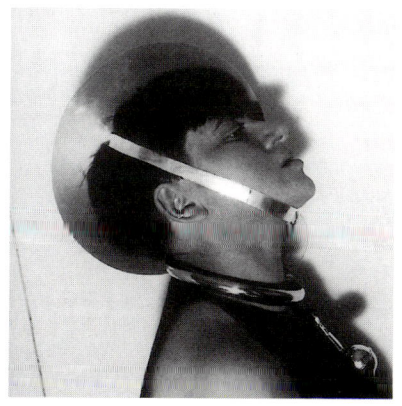

▲ Dans ce célèbre autoportrait, Marianne Brandt, auteur de toutes les œuvres de cette page et, avec Helmut Schulze, du *Service pour petit-déjeuner* reproduit ci-contre, "porte", à l'instar de précieux bijoux, des objets métalliques.

ALESSI

▶ Dessinés en 1938 et présentés (en argent) à l'exposition Triennale de 1940, les couverts de la série *Caccia* furent considérés comme les plus beaux du monde en raison de l'équilibre magistral entre leur aspect encore artisanal et leur dimension déjà industrielle.

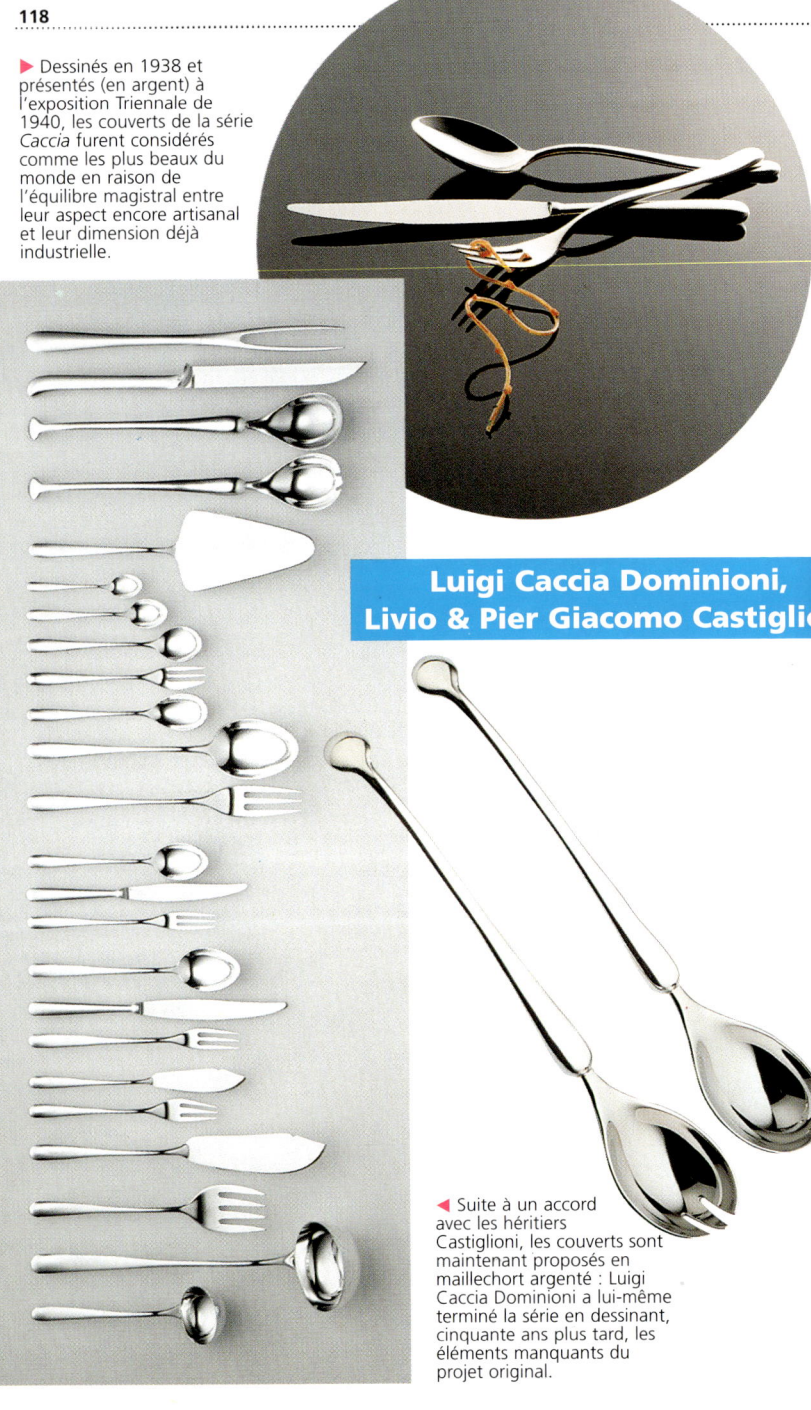

Luigi Caccia Dominioni, Livio & Pier Giacomo Castiglioni

◀ Suite à un accord avec les héritiers Castiglioni, les couverts sont maintenant proposés en maillechort argenté : Luigi Caccia Dominioni a lui-même terminé la série en dessinant, cinquante ans plus tard, les éléments manquants du projet original.

Pio Manzù

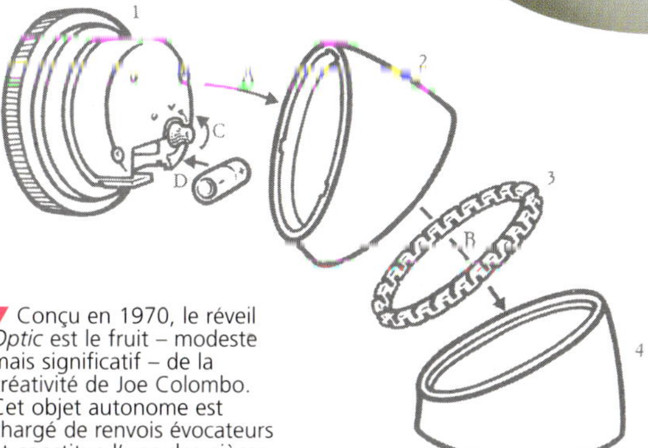

▲ Lancé en 1966 comme gadget FIAT, *Cronotime* est un parfait exemple du design des années 60. Essentiel et typiquement "industriel" par ses matériaux et ses couleurs, l'objet synthétise le discours de Pio Manzù quant à l'usage et à la fonction, et révèle sa formation à la mythique école supérieure de design d'Ulm.

▼ Conçu en 1970, le réveil *Optic* est le fruit – modeste mais significatif – de la créativité de Joe Colombo. Cet objet autonome est chargé de renvois évocateurs et constitue l'une des pièces du projet de réalisation d'une "maison intégrée".

Joe Colombo

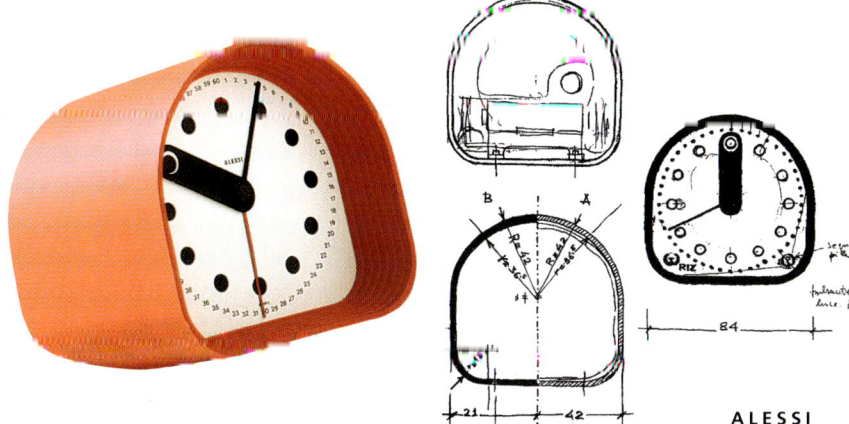

ALESSI

Le Musée Alessi

Le but du musée Alessi, inauguré au printemps 1998, est de conserver tous les objets, dessins, images et documents importants pour l'histoire de l'entreprise Alessi et, plus généralement, pour celle des arts ménagers. Cette nouvelle entité, née à l'intérieur de notre structure, est destinée à renforcer nos activités de méta-projet et de politique du produit. Elle vise aussi à établir des liens plus directs avec les structures muséales avec lesquels nous sommes déjà en contact depuis longtemps. Conçu par Mendini et placé sous la houlette de Francesca Appiani, le musée Alessi sera, dans un premier temps, ouvert aux chercheurs, aux journalistes et aux étudiants.

● Notre expérience de "Fabrique du design italien" est à mi-chemin entre art et industrie. Petit à petit, elle a attiré sur nous l'attention des musées d'arts appliqués et celle des industriels du design. De nombreuses expositions ont été organisées sur notre activité. Nous avons produit un ensemble de prototypes qui, parallèlement à notre production historique et aux nombreux objets réunis durant des dizaines d'années, offre un précieux panorama de l'histoire de la création dans notre secteur.

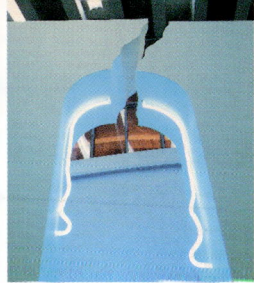

▶ Alessandro Mendini a déjà veillé à l'aménagement de quelques expositions Alessi : à la page précédente, en bas à gauche, les vases *100% Make Up* au sein de la Fortezza da Basso à Florence. En dessous, le module polymorphe pour les nouveautés dans notre show room milanais. Hans Hollein est quant à lui l'auteur des installations pour le projet *Tea & Coffee Piazza* (ci-dessus) avec son désormais célèbre arc brisé, et pour la grande exposition *Paesaggio casalingo* qui présentait la production Alessi de 1921 à 1980 lors de la Triennale de Milan en décembre 1979, puis à Linz et à Berlin en 1980.

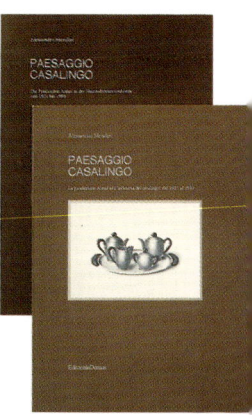

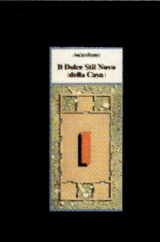

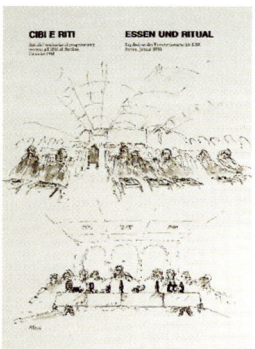

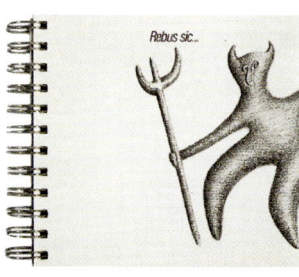

◀ La fondation d'un musée Alessi représente une évolution normale au sein du processus d'approfondissement des thèmes et des solutions développé au cours de ces vingt dernières années. Les nombreuses publications de cette période laissaient entrevoir cette issue du fait de la richesse poétique et artistique de nos innombrables projets et de l'intense débat intellectuel dont ils procèdent. Cette exposition survient toutefois à un moment particulier car on est en train d'opérer une réflexion globale sur la fonction des musées. En outre, elle correspond à un phénomène spontané et curieux puisque la firme Alessi dans son ensemble est en train d'acquérir l'image, voire même la nature et l'identité d'un musée.

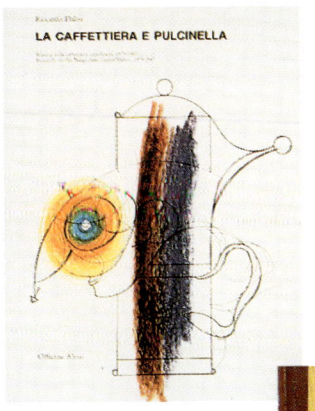

◀ L'activité culturelle d'Alessi se manifeste également à travers une longue série de publications scientifiques citées dans la bibliographie. Certaines d'entre elles sont devenues des "classiques" et ont ouvert un débat international sur les interprétations et les perspectives de développement du design.

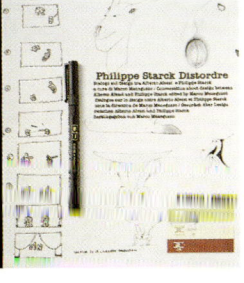

▲ Les clichés illustrant les rétrospectives de Paris, Sydney et Tel Aviv évoquent les rétrospectives consacrées à Alessi dans différents musées : *Paesaggio casalingo* (Milan-Linz-Berlin 1979-1981); *Tea & Coffee Piazza* (USA-Milan-Krefeld-Zurich-Aix-la-Chapelle-Barcelone-Kyôto-Gand-Anvers 1983-1986); *La conica e altre caffettiere* (Milan 1983); *Tafelarchitektur* (Rotterdam-Düsseldorf 1985); *Création* (Lyon 1986); *La caffettiera e Pulcinella* (Milan 1987); *Not in production / Next to production* (Milan-Gand 1988-1990); *L'atelier Alessi* (Paris-Bruxelles-

Scandinavie-Brésil-Zagreb 1989-1995); *100% Make Up* (Florence-Gand-Groningue-Roanne-Nice 1992-1993); *Alessi 1921-1994* (France 1994); *Manger* (Vevey 1994); *For the sake of use* (Tel Aviv 1994); *F.F.F.* (Ljubljana 1995); *Starckologie* (Francfort-Paris 1996); *Metallarbeiten* (Berlin 1996).

Bibliographie

XI Triennale, catalogue de l'exposition (Milano, Triennale), Milano 1957.
Carmelo Cappello, catalogue de l'exposition, Messina 1973.
XV Triennale, catalogue de l'exposition (Milano, Triennale), Milano 1973.
Dušan Džamonja. Sculture, disegni e progetti dal 1963 al 1974, catalogue de l'exposition, Milano 1975.
A. Pansera, *Storia e cronaca della Triennale*, Longanesi, Milano 1978.
Design & Design, catalogue de l'exposition du XIème Compasso d'oro, ADI, Milano 1979.
A. Mendini, *Paesaggio casalingo. La produzione Alessi nell'industria dei casalinghi dal 1921 al 1980*, Domus, Milano 1979.
E. Sottsass, *Esercizio formale*, catalogue de l'exposition, Alessi, Crusinallo 1979.
XVI Triennale, catalogue de l'exposition (Milano, Triennale 1979-1982), Alinari, Firenze.
AA.VV., *Design ist unsichtbar*, catalogue de l'exposition, Löcker Verlag, Wien 1980.
Centrokappa, Il design italiano negli anni '50, Domus, Milano 1980.
Diseñadores Industriales Italianos 1980, catalogue de l'exposition (Buenos Aires, Universidad de Buenos Aires, Faculdad de Arquitectura y urbanismo), Buenos Aires 1980.
A. Grassi et A. Pansera, *Atlante del design italiano 1940-1980*, Fabbri, Milano 1980.
B. Radice, *Elogio del banale*, Alchimia, Milano 1980.
Bio 9, Bienale Industrijskega Oblikovanja, catalogue de l'exposition, Bio, Ljubljana 1981.
XII Compasso d'oro, catalogue de l'exposition, Electa, Milano 1981.
A. Mendini, *Architettura addio*, Shakespeare & Company, Milano 1981.
AA.VV., *Conseguenze impreviste – Arte, moda, design*, catalogue de l'exposition (Firenze), Electa, Milano 1982, vol. III.
AA.VV., *Gli anni trenta. Arte e cultura italiana*, catalogue de l'exposition, Mazzotta, Milano 1982.
AA.VV., *I centro anni del design R.D.E.*, Milano 1982.
P. Arnell, T. Bickford et K. Vogel Wheeler, *Michael Graves. Buildings and Projects 1966-1981*, Rizzoli International, New York 1982.
F. Burkhardt, *Cibi e riti – Essen und Ritual*, Actes du séminaire de recherche qqui s'est déroulé à l'IDZ de Berlin, Alessi, Crusinallo 1982.
V. Gregotti, *Il disegno nel prodotto industriale. Italia 1960-1980*, Electa, Milano 1982.
F. Irace, *Precursors of Post Modernism – Milan 1920-30's*, catalogue de l'exposition, The Architectural League, New York 1982.
Italian Re-Evolution, catalogue de l'exposition (La Jolla Museum of Contemporary Art), Milano 1982.
Provokationen – Design aus Italien. Ein Mythos geht neue Wege, catalogue de l'exposition (Hannover, Deutscher Werkbund), Hannover 1982.
AA.VV., *Officina Alessi. Tea & Coffee Piazza*, Shakespeare & Company, Milano 1983.
Dal cucchiaio alla città nell'itinerario di 100 designer, catalogue de l'exposition, Electa, Milano 1983.

Design, catalogue de l'exposition (Zürich, Kunstgewerbemuseum), Zürich 1983.
Design Experimenta Preview '83, catalogue de l'exposition, Todi 1983.
Design since 1945, catalogue de l'exposition (Philadelphia, Museum of Art), Rizzoli International, New York 1983.
Icsid design Milano, catalogue de l'exposition, R.D.E., Milano 1983, vol. IV.
C. Mann, *Clotet – Tusquets*, Gustavo Gili, Barcelona 1983.
A. Mendini, *Progetto infelice*, R.D.E., Milano 1983.
AA.VV., *L'economia italiana tra le due guerre 1919-1939*, catalogue de l'exposition, Ipsoa, Roma 1984.
Bio 10, Bienale Industrijskega Oblikovanja, catalogue de l'exposition, Bio, Ljubljana 1984.
Castiglioni A. Meister des Design der Gegenwart, catalogue de l'exposition, Electa, Milano 1984.
Memphis Design, Kruithuis, s'Hertogebosch 1984.
A. Rossi, *La conica e altre caffettiere*, Alessi, Crusinallo 1984.
Tre anni di design, XIII Compasso d'oro, catalogue de l'exposition, R.D.E., Milano 1985.
P. Arnell et T. Bickford, *Aldo Rossi. Buildings and Projects*, Rizzoli International, New York 1985.
A. Bangert, *Italienisches Möbeldesign. Klassiker von 1945 bis 1985*, Modernes Design, München 1985.
S. Bayley, *The Conran Dictionary of Design*, Conran Octopus, London 1985.
P.C. Bontempi et G. Gregori, *Alchimia*, Copi, Den Haag 1985.
Dalla tartaruga all'arcobaleno, catalogue de l'exposition, (Milano, Triennale), Triennale-Electa, Milano 1985.
Le Ettore Sottsass, Mobili e qualche arredamento. Furniture and a few Interiors, catalogue de l'exposition, Mondadori-Daverio, Milano 1985.
H. Hollein, *Hans Hollein*, catalogue de l'exposition, A+U Publishing, Tokyo 1985.
R. Horn, *Memphis–Objects, Furniture and Patterns*, Running Press, Philadelphia 1985.
S. Kohmoto, *Contemporary Landscape. From The Horizon of Post Modern Design*, catalogue de l'exposition (Kyoto, The National Museum of Modern Art), Kyoto 1985.
"Louisiana Revy", n. 6, 1985.
E. Medagliani et F. Gosetti, *Pastario ovvero atlante delle paste alimentari italiane*, Alessi, Crusinallo 1985.
K. Sato, *Alchimia. Never-Ending Italian Design*, Rikuyosha, Tokyo 1985.
P. Scarzella, *Il bel metallo. Storia dei casalinghi nobili della Alessi*, Arcadia, Milano 1985.
R. Stern, *The International Design Yearbook 1985-1986*, Thames and Hudson, London 1985.
Strategie d'intesa, catalogue de l'exposition, Electa, Milano 1985.
H. Wichmann, *Die neue Sammlung. Ein neuer Museumstyp des 20. Jahrhunderts*, catalogue de l'exposition, Prestel, München 1985.
AA.VV., *Les carnets du design. Les arts de la table*, Mad-Cap, Paris 1986.
E. Ambasz, *The International Design Yearbook 1986-1987*, Thames and Hudson, London 1986.

A table, catalogue de l'exposition (Paris, Centre Georges Pompidou), Paris 1986.
Bio 11, Bienale Industrijskega Oblikovanja, catalogue de l'exposition, Bio, Ljubljana 1986.
Caravelles. L'enjeu de l'objet, catalogue de l'exposition, Grenoble–Lyon–Saint-Etienne 1986.
A. Grassi et A. Pansera, *L'Italia del design. Trent'anni di dibattito*, Marietti, Casale Monferrato 1986.
Italia Diseño 1946-1986, catalogue de l'exposition (Museo Rufino Tamayo), Mexico 1986.
R. Krause, V. Pasca et I. Vercelloni, *La mossa del cavallo. Mobili e oggetti oltre il design*, Condé Nast, Milano 1986.
Semenzato Nuova Geri, asta di modernariato 1900-1986, Passigli, Milano 1986.
Teyssot, il progetto domestico. La casa dell'uomo: archetipi e prototipi, catalogue de l'exposition (Milano, XVII Triennale), Electa, Milano 1986.
A. Alessi et A. Gozzi, *La cintura di Orione*, Longanesi, Milano 1987.
AA.VV., *The Post Modern Object*, catalogue de l'exposition, Ga Pindar, London 1987.
J. Capella et Q. Larrea, *Diseño de Arquitectos en los '80*, Gustavo Gili, Barcelona, 1987.
M. Collins, *Towards Post-Modernism: Design since 1985*, British Museum Publications, London 1987.
R. Dalisi, *La caffettiera e Pulcinella. Ricerca sulla caffettiera napoletana 1979-1987*, Officina Alessi, Crusinallo, 1987.
Hans Hollein. Métaphores et métamorphes, catalogue de l'exposition (Paris, Centre Georges Pompidou), Paris 1987.
H. Klotz, *Jahrbuch für Architektur 1987-1988*, Deutsches Architekturmuseum, Frankfurt a. M. 1987.
S. von Moos, *Venturi Rauch & Scott Brown*, Rizzoli International, New York 1987.
B. Munari, M. Bellini et A. Branzi, *Descendants of Leonardo da Vinci. The Italian Design*, Graphic-Sha, Tokyo 1987.
Nouvelles tendences. Les avant-gardes de la fin du XXᵉᵐᵉ siècle, catalogue de l'exposition (Paris, Centre Georges Pompidou), Paris 1987.
XIV Premio Compasso d'oro, catalogue de l'exposition, Silvia, Milano 1987.
A. Rossi, *Aldo Rossi Architect*, Electa, Milano 1987.
D. Sudjic, *The International Design Yearbook 1987-1988*, Thames and Hudson, London 1987.
A. Alessi, *Not In Production – Next To Production*, catalogue de l'exposition, Alessi, Crusinallo 1988.
AA.VV., *Alessandro Mendini*, catalogue de l'exposition (Groningen, Groninger Museum), Giancarlo Politi, Milano 1988.
AA.VV., *Design und Wohnen*, catalogue de l'exposition, Helga Treft Verlag, Frankfurt a. M. 1988.
AA.VV., *Sottsass Associates*, Rizzoli International, New York, 1988.
Bio 12, Bienale Indusrijskega Oblikovanja, catalogue de l'exposition, Bio, Ljubljana 1988.
G. Bosoni et F .G. Confalonieri, *Paesaggio del design italiano 1972-1988*, Edizioni di Comunità, Milano 1988.
C. Colin, *Design d'aujourd'hui*, Flammarion, Paris 1988.
Id., *Starck*, Pierre Mardaga Editeur, Liège 1988.
Der Verzeichnete Prometheus, catalogue de l'exposition, Nishen Verlag, Berlin 1988.
Design in Catalogna, catalogue de l'exposition, BCD, Barcelona 1988.
I. Favata, *Joe Colombo, Designer 1930-1971*, catalogue de l'exposition, Idea Books, Milano 1988.
F. Fischer, *Design Heute*, catalogue de l'exposition (Frankfurt, Deutsches Architekturmuseum), Frankfurt a. M. 1988.
C. Gambardella, *Il progetto leggero. Riccardo Dalisi: vent'anni di design*, Clean, Napoli 1988.
F. Haks, *Alessandro Mendini Sketsboek – Sketches*, Froukje Hoekstra, Amsterdam 1988.
A. Isozaki, *The International Design Yearbook 1988-1989*, Thames and Hudson, London 1988.

B. Klesse, *Hundert Jahre Museum für Angewandte Kunst der Gegenwart. Mäzenatentum*, catalogue de l'exposition, (Köln, Museum für Angewandte Kunst), Köln 1988.
La caffettiera napoletana e Pulcinella, catalogue de l'exposition (Taranto, Circolo Italsider), Editrice Scorpione, Taranto 1988.
R. Sambonet, *L'arte in tavola*, Industria Grafica Ronda, Milano 1988.
S. San Pietro et M. Vercelloni, *Nuovi negozi a Milano*, L'Archivolto, Milano 1988.
P. Sparke, *Italienisches Design*, Thames and Hudson, London 1988.
Richard Sapper. 40 Progetti di Design 1958-1988, catalogue de l'exposition, Arti Grafiche Mazzucchelli, Milano 1988.
H. Wichmann, *Italian Design 1945 bis heute*, Die Neue Sammlung, München 1988.
AA.VV., *Alessandro Mendini*, catalogue de l'exposition, Giancarlo Politi, Milano 1989.
AA.VV., *From Matt Black to Memphis and back again*, Blueprint/Wordsearch, London 1989.
AA.VV., *Role of Design, V. Design for a Coming Age*, JIDPO, Tokyo 1989.
AA.VV., *Von Außen von Innen. 25 Modus Jahre*, Modus Möbel, Berlin 1989.
M. Collins et A. Papadakis, *Post-Modern Design*, Rizzoli International, New York 1989.
P. et R. Colombari, *Effetto acciaio*, catalogue de l'exposition, Arti Grafiche Giacone, Torino 1989.
Compasso d'oro. Italian Design, catalogue de l'exposition, Silvia Editore, Milano 1989.
G. Lueg, *Design*, catalogue de l'exposition (Köln, Museum für Angewandte Kunst), Köln 1989.
L. Peel, P. Powell et A. Garrett, *An Introduction to 20th Century Architecture*, Quinted Publishing, London 1989.
XV Premio Compasso d'oro, catalogue de l'exposition, Silvia Editrice, Milano 1989.
L. Polinoro, *L'Officina Alessi. Alberto Alessi e Alessandro Mendini: dieci anni di progetto, 1980-1990*, F.A.O., Crusinallo 1989.
AA.VV., *Michael Graves. Buildings and Projects, 1982-1989*, Princeton Architectural Press, Princeton 1990.
A. Bangert et K.M. Armer, *Design der 80er Jahre*, Bangert Verlag, München 1990.
N. Bellati, *New Italian Design*, Rizzoli International, New York 1990.
M. Bellini, *The International Design Yearbook 1990-1991*, Thames and Hudson, London 1990.
Collezione per un modello di museo del disegno industriale italiano, catalogue de l'exposition, Fabbri, Milano 1990.
European Community Design Prize 1990, catalogue de l'exposition, BCD, Barcelona 1990.
L. Gobbi, F. Morace, R. Brognara et F. Valente, *I Boom*, Lupetti & Co., Milano 1990.
W. Halen, *Christopher Dresser*, Christies, Oxford 1990.
Juli Capella & Quim Larrea, Oscar Tusquets objects dans le parc, catalogue de l'exposition, Gustavo Gili, Barcelona 1990.
Metall für den Gaumen, catalogue de l'exposition, beim Herausgeber, Wien 1990.
J. Myerson et S. Katz, *Kitchenware*, Conran Octopus, London 1990.
A. Rowland, *Bauhaus Source Book*, Quarto, London 1990.
AA.VV., *Aldo Rossi Architecture 1981-1991*, Princeton Architectural Press, Princeton 1991.
AA.VV., *Architetture elettriche*, Biticino, Milano 1991.
AA.VV., *Christopher Dresser*, F.A.O., Crusinallo 1991.
AA.VV., *New and Notable Product Design*, Rockport Publishers, Rockport 1991.
A. Branzi, *Il dolce Stil Novo (della casa)*, F.A.O., Crusinallo 1991.
J. Cappella et Q. Larrea, *Nuevo diseño español*, Gustavo Gili, Barcelona 1991.

O. Boïssiere, *Starck*, Taschen Verlag, Köln 1991.
S. Casciani et G. Di Pietrantonio, *Design in Italia 1950-1990*, Giancarlo Politi, Milano 1991.
R. Dalisi, *L'oggetto eroticomiko*, F.A.O., Crusinallo 1991.
2e Quadriennale Internationale de Design, catalogue de l'exposition, Caravelles 2, Lyon 1991.
P. Dormer, *The Illustrated Dictionary of Twentieth Century Designers*, Quarto Publishing, London 1991.
Formes des metropoles – Nouveaux designs en Europe, catalogue de l'exposition (Paris, Centre Georges Pompidou), Paris 1991.
P. Polato, *Il modello nel design*, Hoepli, Milano 1991.
L. Polinoro, *Rebus sic...*, F.A.O., Crusinallo 1991.
Primavera del disseny. Barcelona 1991 Spring Design, catalogue de l'exposition (Barcelona, Ajuntament de Barcelona), Barcelona 1991.
AA.VV., *Carl Larsson*, Bokforlaget Bra Bocker, Göteborg 1992.
AA.VV., *Objects and Images*, U.I.A.H., Helsinki 1992.
Casa Barcelona, catalogue de l'exposition, IMPI, Barcelona 1992.
A. Ferlenga, *Aldo Rossi Architetture 1988-1992*, Electa, Milano 1992.
A. Mendini, *La fabbrica estetica*, F.A.O., Crusinallo1992.
Nuovo bel design, catalogue de l'exposition, Electa, Milano 1992.
Starck in Wien, catalogue de l'exposition, Die Kommode, Wien 1992.
M.C. Tommasini et M. Pancera, *Il design italiano*, Mondadori, Milano 1992.
AA.VV., *Modern Ad Art Museum*, Stern, Hamburg 1993.
B. Branzi, *Richard Sapper*, SPADEM, Campinge (1995).
Brigitte Fitoussi, *Objects Affectifs*, Hazan, Paris 1993.
Cristina Morozzi, Massimo Morozzi, L'Archivolto, Milano 1993.
Design und Wohnen 2, catalogue de l'exposition, Helga Treft Verlag, Frankfurt a. M. 1993.
P. Dormer, *Design since 1945*, Thames and Hudson, London 1993.
H. Hoger, *Ettore Sottsass Jun.*, Ernst Wasmuth, Berlin 1993.
Il design degli oggetti, catalogue de l'exposition, (Gallarate, Civica Galleria d'Arte Moderna), Gallarate 1993.
La fabbrica estetica, catalogue de l'exposition, ICE, Milano 1993.
Museum für Angewandte Kunst. Ein Wegweiser von A bis Z, Köln 1993.
L. Polinoro, *Family Follows Fiction*, F.A.O., Crusinallo 1993.
S. Prinz, *Besteck des 20. Jahrhunderts*, Klinkhardt & Biermann, München 1993.
Sipek Borek, *The International Design Yearbook*, Rick Poynor, London 1993.
Richard Sapper. Design, catalogue de l'exposition, (Köln, Museum für Angewandte Kunst), Köln 1993.
M. Turinetto, *Dizionario del design*, J. Lyppard & C., Milano 1993.
AA.VV., *Alessi. The Design Factory*, Academy Group, London 1994.
AA.VV., *Andrea Mendini. I 100 disegni Alessi*, FAO, Milano 1994.
Arts et formes ou 40 variations pour une histoire d'eau, catalogue de l'exposition (Paris, Musée du Louvre), Paris 1994.
A. Buch et M. Vogt (ed.), *Janet Abrams, Laura Cerwinske, Michael Collins, Rainer Krause, Aldo Rossi, Michael Graves. Designer Monographs 3*, Vogt, Ernst & Son, Berlin 1994.
M. Byars, *The Design Encyclopedia*, Laurence King, London 1994.
F. Burkhardt, *Marco Zanuso*, Federico Motta, Milano 1994.
T. Heidert, M. Stegmann et R. Zey, *Lexikon Intenationales Design*, Rowohlt, Hamburg 1994.
Le fabbriche del design italiano. Une dynastie d'objets Alessi, catalogue de l'exposition, Istituto Italiano Di Cultura, Paris 1994.
R. Poletti, *La cucina elettrica*, Electa/Alessi, Milano 1994.
Raymond Guidot, histoire du design 1940, Hazan, Paris 1994.
The International Design Yearbook 1994, Laurence King, London 1994.
Totocchio, catalogue de l'exposition, F&T Boo, Vicenza 1994.
O. Tusquets Blanca, *Mas que discutible*, Tusquets Editores, Barcelona 1994.
AA.VV., *Opere postume progettate in vita. Metallwerkstatt Bauhaus anni '20 – anni '90*, Electa/Alessi, Milano 1995.
A La Castiglione, catalogue de l'exposition, Istituto Italiano di Cultura, Barcelona 1995.
Das International Design Jahrbuch 1994-1995, Bangert Verlag, München 1995.
XVII Premio Compasso d'oro, catalogue de l'exposition, Silvia Editrice, Milano 1995.
Oscar Tusquets Josep Maralles, catalogue de l'exposition, Tusquets Editores, Barcelona 1995.
A. Pansera, *Dizionario del design italiano*, Cantini, Milano 1995.
Pour un couteau. Design et couverts 1970-1990, catalogue de l'exposition, Thiers 1995.
The Hannover Yearbook of Industrial Design, catalogue de l'exposition (Hannover, Industrial Forum Design), Hannover 1995.
The Internationel Design Yearbook 1995, Laurence King Publishing, London 1995.
Thomas Haufe. Design, Dumont, Köln 1995.
Torino design. Dall'automobile al cucchiaino, catalogue de l'exposition, Marsilio, Allemandi di Torino 1995.
AA.VV., *Design im Wandel*, Bangert Verlag, Bremen 1996.
AA.VV., *L'oggetto dell'equilibrio*, Electa/Alessi, Milano 1996.
A. Branzi, *Il design italiano 1964-1990*, catalogue de l'exposition, Electa, Milano 1996.
S. Casciani, *The Art Factory*, catalogue de l'exposition, Editrice Abitare Segesta, Milano 1996.
Fulvio Ferrari, Ettore Sottsass, tutta la ceramica, Umberto Allemandi, Torino 1996.
M. Meneguzzo, *Philippe Starck distordre*, Electa/Alessi, Milano 1996.
The International Design Yearbook 1996, Laurence King, London 1996.
Werkzeuge. Design des Elementaren, Landesgalerie, Austria 1996.

Présence dans les musées et les collections publiques

The Museum of Modern Art, New York ; Louisiana Museum of Modern Art, Humlebaek ; Museu de Arte, Sao Paolo ; Die Neue Sammlung, Staatliches Museum für Angewandte Kunst Munich; Kunstgewerbemuseum der Stadt Zürich, Zürich; Philadelphia Museum of Art, Philadelphie ; Israel Museum, Jérusalem ; The Metropolitan Museum of Art, New York; Museum Boymans-van Beuningen, Rotterdam ; Kunstgewerbemuseum SMPK Berlin, Berlin ; Düsseldorf, Düsseldorf; The Minneapolis Institute of Arts, Minneapolis ; National Gallery of Victoria, Melbourne ; Yale University Art Gallery, New Haven ; The National Museum of Modern Art, Kyoto ; Bauhaus-Archiv, Museum für Gestaltung, Berlin ; Bio Design Collection, Ljubljana ; Kunstgewerbemuseum, Cologne ; Ostfriesisches Tee-Museum, Norden ; Victoria and Albert Museum, Londres ; Australian National Gallery, Canberra ; Museum voor Sierkunst, Gand ; Stedelijk Museum, Amsterdam ; Groninger Museum, Groningen ; Museum Folkwang, Essen ; Museum für Angewandte Kunst, Cologne ; Deutsches Klingenmuseum, Solingen ; The Brooklyn Museum, New York ; Musées des Arts Décoratifs, Paris ; Museum of Applied Arts, Helsinki ; The Denver Art Museum, Denver ; Museo de Artes Decorativas, Barcelone ; Henie Instad Art Center Kunstsenterhovikodden, Norvège.

Crédits photographiques

Archives Alessi, Archives Atelier Mendini, Archives
Andrea Branzi, Archives Riccardo Dalisi, Archives
Eurostand, Archives Florence Gift Mart, Archives
Stefano Giovannoni, Archives Michael Graves, Archives
Sottsass Associati, Archives Guido Venturini, Arici e
Bernardi, Aldo e Marirosa Ballo, Maria Vittoria
Backaus, Bauhaus Archiv, Raffaello Benedetti Bra,
Giovanni Berengo Gardin, Bergamo et Basso, Riccardo
Bianchi, Luigi Brenna, Santi Caleca, Franco Capra,
Attilio Del Comune, Fotorama, Enzo Franza, Giacomo
Giannini, Pino Guidolotti, J. King, Stefan Kirchner,
Mattew Klein, Lucio Lazzara, Salvatore Licitra, Mauro
Masera, Jean Baptiste Mondino, Occhiomagico, Carlo
Paggiarino, Sergio Pancaldi, Giuseppe Pino, Franco
Sargiani, Renato Sartori, Oliver Schuh et Barbara Burg,
Luciano Soave, Studio Azzurro, Top Studio di Zappalà,
Leo Torri, Oliviero Toscani, Emilio Tremolada, Franco
Uberti, Tom Vack, Walter Zerla. Illustrations de Studio
Softroom, Suresh Sethi, Tiger Tateishi.

La maison d'édition s'engage à payer les droits des
photographies dont elle n'a pu retrouver les auteurs ou
leurs ayant droit.